# 日本と世界をつなぐ
# 国境の島
# 対 馬
## TSUSHIMA

JN050192

# 対馬へようこそ！

対馬で暮らし、島を愛する皆さんが、
島の魅力や楽しみ方を教えてくれました♪

**Welcome**

すぐ目の前が海。
磯には生き物が
いっぱいいて、
ただ歩くだけで
発見があります。

カフェでのんびり
くつろいでください♪

夕日が見たいなら
小茂田浜海水浴場へ！
対馬らしい風景なら
椎根の石屋根倉庫群が
おすすめです。

冬場はカキが
絶品ですよ

海小屋 吉栄
**豊玉 P.88**
吉村 ひとみさん（左）
吉村 高浩さん（右）

地元食材の
ランチなら
せんキッチンへ

地元の人たちも大好きな、
佐護の千俵蒔山がオススメです。
目の前に広がる海と
草原の雄大な景色は圧巻！

**厳原 P.31**
G カフェ
桐谷 恵美子さん（右）
鈴木 純子さん（左）

対馬地球大学
**上県 P.96**
高野 清華さん（右）
椎野 佑梨さん（左）

漁火公園は
名前どおり
夜の漁火がロマンティック。
公園まで散歩して
足湯につかるのも
いいですよ。

海沿いの県道を
ドライブするのが
気持ちいい！
点在する漁師町の
雰囲気がいいんで
すよね〜。

ぜひ白嶽に
登ってみてください！
対馬の89％が
山林に覆われている
ということが
よくわかります。

海のアクティビティにも
挑戦してみて

天然ビーチの
茂木浜海水浴場は、
遠浅でとってもきれい。
砂浜も掃除されているので
リゾート感があります♪

歴史や文化が
深いのも魅力です

**美津島 P.54**
対馬エコツアー
古藤 利誉さん（左）
吉野 志帆さん（右）

地元産の日本酒
「白嶽」がうまい

**厳原 P.126**
対馬観光物産協会
立石 健児さん（左）
村瀬 早紀さん（右）

対馬小柄でかわいい
対州馬を見にきて

雄大な自然に包まれた島で、比類なき歴史に触れる

# 島旅×ジブン時間

紺碧の玄界灘に浮かぶ対馬は、島土の約89%を山地が占める自然に恵まれた島。
また外交の最前線といわれる立地により独自の歴史を歩んできた島でもある。
豊かな自然と唯一無二の歴史、そこで育まれた文化を知る旅へ。

標高176mの烏帽子岳にある烏帽子岳展望所。日本有数の規模を誇る浅茅湾のリアス海岸を一望できる

1

**島旅×ジブン時間**

# 目の前に広がる圧倒的な自然美

原生林から突き出した霊峰や複雑に入り組んだリアス海岸、
岬に守られた美しい砂浜など、見る人の心を揺さぶる絶景がいっぱい。

2

4

6

3

5

1. 古くより霊峰としてあがめられた白嶽。山頂の雄岳から周囲を一望
2. 北東部にある三宇田浜海水浴場は、島内随一の天然の白砂ビーチ
3. 小綱湾に3つの島が浮かぶ綱島は、朝鮮海峡に沈む夕日が美しい
4. 上県の対馬野生生物保護センターではツシマヤマネコが見られる
5. 北部の鰐浦では、自生するヒトツバタゴが5月初旬に花を咲かせる
6. 鮎もどし自然公園の瀬川は、白い花崗岩に覆われた不思議な景観

上／500mの遊歩道でふたつの砂浜が結ばれた美津島町海水浴場
下／入江と無人島からなる浅茅湾はシーカヤックの好フィールド

1

島旅×ジブン時間

# 国境の島で紡がれた唯一無二の歴史

古代から大陸との交流・交易で栄えた対馬。国防の最前線でもあり、
さまざまな形で外国の影響を受けた独特の文化を育んできた。

2

4

6

5

3

1. 拝殿前から5つの鳥居が連なる和多都美神社。ふたつは海中に立つ
2. 城山に築かれた古代山城、金田城の石塁は総延長約2.2kmに及ぶ
3. 1900年に開削された万関瀬戸に架かる万関橋。上島と下島を結ぶ
4. 小茂田濱神社には、鎌倉時代の元寇で戦死した宗資国の像が立つ
5. 日本海戦100周年を記念して、殿崎公園に立てられたレリーフ
6. 8月開催の厳原港まつりでは、朝鮮通信使のパレードが行われる

上／宗氏の菩提寺、万松院の百雁木。132 段の石段が墓所へと誘う
下／1901 年建造の姫神山砲台跡。保存状態がよい貴重な史跡

1

島旅×ジブン時間

# 恵みの海に守られて。島に生きる

対馬海峡に浮かぶ島は独自の文化、環境を継承してきた。海に囲まれ、
豊かな森とともに生きる人々の暮らしから、対馬の魅力に迫る。

2

4

6

5

3

1. 清水山城の三の丸跡からは、山あいに広がる厳原の町が見られる
2. 厳原中心部の川端通りには歴史あるホテルや飲食店などが連なる
3. 山地の多い対馬だが、佐護平野にはのどかな水田風景が広がる
4. 阿連地区では、集落を守る太陽の女神オヒデリ様の神事が行われ
5. 居酒屋やスナックでは、島の人々との会話も楽しみのひとつ
6. 対馬名物、対州そば。鶏とシイタケだしのいりやきそばは必食

左上／島内ではニホンミツバチの養蜂に使われる蜂洞を見かける
左下／対馬の西沖で捕れる脂がのったアナゴは最高級と称される
右上／浅茅湾などで養殖されたクロマグロは島内でも食べられる
右下／椎根地区には、島内産の板石で屋根をふいた倉庫群が残る

島の皆さんからのメッセージ
**対馬へようこそ！** ………… 2

巻頭グラフ
**島旅×ジブン時間** ………… 4

**ひと目でわかる対馬** ………… 14

**対馬の島ごよみ** ………… 16

対馬をもっとよく知る
**Keyword** ………… 18

**とっておき島みやげ** ………… 20

**今すぐ食べたい島グルメ** …… 24

**対馬の絶品テイクアウトグルメ** … 26

**地元のイチオシ！ 評判の料理店** … 28

**ほっこり♪ アイランドカフェ** … 30

Recommended Routes
### 対馬の巡り方 33

タイプ別モデルプラン①
▶国境の島の歴史を巡る ………… 34

タイプ別モデルプラン②
▶王道の絶景ドライブ ………… 36

タイプ別モデルプラン③
▶全力！ アクティブ ………… 38

対馬 島人インタビュー
Interview

すし処 慎一
築城 慎一さん、順一郎さん、建太郎さん ……… 32

観光ガイド
藤井 敦子さん ………… 40

対馬自然写真研究所
川口 誠さん ………… 70

KOMIYA SILVER
小宮 翔さん ………… 100

お多幸
清水 悦江さん ………… 116

How to Enjoy
### 対馬の遊び方 41

トレッキング
絶景！ 白嶽トレッキング ………… 42
城山（金田城跡）に眠る古代山城探検 … 44
龍良山、神秘の森を歩く ………… 46
対馬花図鑑 ………… 47

自然体験
ツシマヤマネコに会いに行く ………… 48
対馬でバードウォッチング ………… 50
対馬の鳥図鑑 ………… 51
対州馬、乗馬体験 ………… 52

海体験
極上ビーチセレクション ………… 53
浅茅湾シーカヤック半日ツアー ……… 54
SUP体験 ………… 56
浅茅湾クルージング ………… 57
漁業体験 ………… 57

文化体験
対州そば そば打ち体験 ………… 58
対馬真珠アクセサリー作り ………… 59
レザークラフト体験 ………… 59
対馬唯一の酒蔵を訪ねる 河内酒造 ……… 60
歴史を語る砲台探訪3選 ………… 61
厳原町歩き ………… 62
神々の島、対馬の神社巡り ………… 64
ゴースト・オブ・ツシマの世界 ……… 66
西山寺で宿坊体験 ………… 67
農泊のススメ ………… 68

## 対馬の歩き方　71
*Area Guide*

対馬を彩る絶景スポット10 ……… 72

### エリアガイド

厳原 ……………………………… 74
観る・遊ぶ ……………………… 75
食べる・飲む …………………… 78
買う ……………………………… 81
泊まる …………………………… 83

美津島、豊玉、峰 ……………… 85
観る・遊ぶ ……………………… 86
食べる・飲む …………………… 88
買う ……………………………… 88
泊まる …………………………… 89

上対馬、上県 …………………… 91
観る・遊ぶ ……………………… 92
食べる・飲む …………………… 95
買う ……………………………… 97
泊まる …………………………… 98

## 対馬の深め方　101
*More about Tsushima*

対馬の地理と産業 ……………… 102
対馬の歴史 ……………………… 104
対馬の祭り歳時記 ……………… 106
島の手しごと …………………… 108
島に恋して ……………………… 110
対馬藩と朝鮮通信使 …………… 112
島言葉 …………………………… 114
対馬本セレクション …………… 115

## 旅の基本情報　117
*Basic Information*

旅の基礎知識 …………………… 118
対馬へのアクセス ……………… 122
対馬島内の移動術・宿泊リスト … 124
観光案内所活用術 ……………… 126

さくいん ………………………… 127
奥　付 …………………………… 128

## 本書の見方

### 使用しているマーク一覧

- 交 交通アクセス
- 住 住所
- 電 電話番号
- 問 問い合わせ先
- 時 営業・開館時間
- 所要 所要時間
- 休 定休日

- 料 料金
- 客室数 客室数
- カード クレジットカード
- 駐車場 駐車場
- URL ウェブサイト
- インスタグラム
- 予約 予約の要不要

- 観る・遊ぶ
- 食べる・飲む
- 買う
- 泊まる
- voice 編集部のひと言

### 地図のマーク

- 観る・遊ぶ
- 食事処
- みやげ物店
- 宿泊施設
- アクティビティ会社

- 寺院
- 神社
- 観光案内所
- 学校
- バス停

※新型コロナウイルス感染拡大の影響で、営業・開館時間や定休日が変更になる可能性があります。お出かけ前に各施設・店舗にご確認ください。
※本書に掲載されている情報は2022年8月の取材に基づくものです。正確な情報の掲載に努めておりますが、ご旅行の際には必ず現地で最新情報をご確認ください。また弊社では掲載情報による損失等の責任を負いかねますのでご了承ください。
※商品・サービスなどの価格は原則として消費税込みの総額表示です。
※休館日や休業日は年末年始やお盆を省き、基本的に定休日のみ記載しております。
※宿泊料金は特に表示がない場合、1室2人利用時の1人あたりの料金です。また、素…素泊まり、朝…朝食付き、朝夕…朝夕食付きを意味します。

深い歴史と豊かな自然に触れる国境の島

# ひと目でわかる対馬

対馬は島土の89%を山林が占める緑豊かな島。南北82km、東西18kmと縦に長い島全域が対馬市という1島1市体制で、6つの町からなる。まずは町の特徴と、対馬の基本情報をチェックしよう。

**城山（金田城跡）**
667年に唐・新羅の侵攻に備えて築かれた山城の跡が見られる。石塁の跡は圧巻。→ P.44

## 島で〜た

| | |
|---|---|
| 面 積 | 707.42km² |
| 海岸線 | 915km |
| 最高標高 | 648.5 m （矢立山） |
| 人 口 | 2万8176人 （2023年） |

**白嶽**
古くから霊山としてあがめられてきた対馬のシンボル。頂上からは360度の絶景を見渡せる。→ P.42

ヤマネコ遭遇率が高め！

**P.91**

**上県町（かみあがたまち）**
自然が豊かな北東部の町。佐護では環境にこだわった米作りが注目されている。対馬野生生物保護センターに訪れる人が多い。

## 気になる

# ベーシックインフォメーション Q&A

**Q 何日あれば満喫できる？**
**A 1泊2日から楽しめる**
朝着、夕方発の便を利用すれば、1泊2日でもかなりの観光スポットを巡れる。ただしトレッキングやアクティビティを楽しむなら、2泊3日あったほうがいい。また厳原だけでなく比田勝も訪れるなら同じく2泊3日は欲しい。

**Q 予算はどれくらい必要？**
**A 1泊2日で6万円くらいから**
宿泊先や料理によって異なるが、東京から福岡までの航空券の割引運賃が往復3万2000円程度、博多港から厳原港までの高速船が往復1万8900円、レンタカー3000円（ふたりで使用）、宿泊6000円で6万円くらいが基本になる。

**Q ベストシーズンはいつ？**
**A 夏の7〜8月が人気**
マリンスポーツに最適なのは7〜8月。観光は暑すぎない4〜5月と9〜11月頃が快適だ。トレッキングは1年中楽しめるが、5月初旬の新緑の時期が格別な美しさ。また紅葉シーズンも人気がある。冬は脂がのった魚料理が最高！

**Q おすすめの過ごし方は？**
**A 自然と歴史に触れる旅**
トレッキングやシーカヤック、SUPなど雄大な自然を舞台にしたアクティビティがおすすめ。また、それらのフィールドが国防の最前線にあった対馬の歴史とリンクしているのも興味深い。厳原の町歩きでも歴史に触れられる。

烏帽子岳からの爽快ビュー

**P.85**

**豊玉町（とよたままち）**
和多都美神社や烏帽子岳展望所など見どころが多い中部の町。南部には入り組んだリアス海岸の浅茅湾が広がる。

## 対馬への行き方●詳しくはP.122

**福岡、長崎から飛行機が便利**
移動時間が早いのは飛行機。福岡、長崎と対馬空港の間を、ANAとオリエンタルエアブリッジの直行便が結んでいる。福岡から1日5便で所要約35分、長崎から1日3〜4便で所要約35分。対馬空港は美津島にあり、厳原の中心地まで車で約20分。→ P.122

**海路はフェリーと高速船が運航**
博多港からフェリーとジェットフォイルが運航。九州郵船のフェリーは厳原まで約4時間45分、比田勝まで約4時間55分。ジェットフォイルは厳原まで約2時間15分。ほかに壱岐・対馬フェリーと対州海運が厳原へのフェリーを運航している。→ P.122

**広い島内は自動車で移動**
対馬は広く、南部の豆酘から北部の比田勝まで車で移動すると約3時間かかる。効率よく観光スポットを巡るならレンタカーがベスト。予約をしておけば、レンタカー会社が空港や港から送迎してくれる。タクシーのチャーターも便利。→ P.125

**韓国展望所**
北端にある韓国をイメージした展望所。空気が澄んだ日は釜山の町並みが見える。→ P.92

対馬野生生物保護センター

韓国展望所

三宇田浜
海水浴場

大浦湾

佐護湾

佐須奈湾

**上対馬町**

泉湾

182

382

39

178

舟志湾

39

**上県町**

180

仁田湾

56

382

189

**峰町**

39

48

三根湾

佐賀浦

**和多都美神社**
原始林に囲まれた神社。海に向かって5つの鳥居が連なり、ふたつは海中に立つ。→ P.64

382

**豊玉町**

39

大漁湾

和多都美神社

烏帽子岳展望所

赤島

沖ノ島

島山島

黒島

**万関橋**
浅茅湾と三浦湾をつなぐ万関瀬戸に架けられた朱色の橋。北部と南部を結ぶ。→ P.86

城山
(金田城跡)

三浦湾

197

浅茅湾

黒瀬湾

万関橋

浅茅湾

白嶽

24

対馬空港
(対馬やまねこ空港)

N

**美津島町**

小茂田濱神社

382

44

阿須湾

万松院

厳原港

**厳原町**

0    5km

▲矢立山

192

24

24

豆酘崎

---

美景スポットがいっぱい

P.91
かみつしままち
**上対馬町**
比田勝港を擁する北東部の町。比田勝にはホテルや食事処が集まる。韓国展望所や三宇田浜海水浴場などが見どころ。

神秘的な雰囲気が漂う

P.85
みねまち
**峰町**
北部と中部の境にあり、縄文時代から弥生時代にかけての遺跡が多く見つかっている。島の漁師が海神神社に参拝に訪れる。

敵に備えた砲台跡は圧巻

P.85
みつしままち
**美津島町**
空港がある中南部の町で、中心部の雞知は大型スーパーやドラッグストアなどが立ちにぎやか。白嶽や城山(金田城跡)、万関橋など観光スポットが充実している。

万松院の百雁木は必見

いづはらまち
**厳原町**
南部一帯を占め、港がある厳原地区は島の政治・経済の中心地。宿泊施設や飲食店が集まっている。南西端の豆酘は独特の文化を守っていることで知られる。

P.74

15

# 対馬の島ごよみ

### 平均気温 & 降水量

※参考資料　気象庁ホームページ
www.jma.go.jp/jma/index.html
※気象庁厳原観測所における1991～2022年の平均値
※降水量は2017～2021年の海面水温の平均値

|  | 1月 | 2月 | 3月 | 4月 | 5月 |
|---|---|---|---|---|---|

厳原 ── 平均気温（℃）　　東京 ----- 平均気温（℃）
── 最高気温（℃）　　　　　降水量（mm）
── 最低気温（℃）
降水量（mm）

最高気温：9.2／10.5／13.6／18.1／22.2
平均気温：6.0／6.9／10.0／14.2／18.2
最低気温：2.5／3.2／6.3／10.3／14.4
降水量：80.1／94.7／172.3／218.4／241.2

| 海水温 | 約16.90℃ | 約15.71℃ | 約15.63℃ | 約16.72℃ | 約18.96℃ |
|---|---|---|---|---|---|

## シーズンガイド

**オフシーズン**

**冬 12～2月**
雪はめったに降らないが、季節風が吹くため体感温度は低め。寒ブリやアコヤガイなど海鮮グルメを楽しんで。

**春 3～5月**
4月に入ると暖かい日が増え、特に山が新緑に染まる4月下旬から5月上旬はトレッキングに最適。3月下旬はゲンカイツツジの薄紫の花が見頃。

店頭に生ウニが並ぶ♪

## お祭り・イベント
※詳しくはP.106へ

**十日えびす**
大漁や商売繁盛を祈願して、美津島町の恵比寿神社などで開催。

**サンゾーロー祭**
豆酘の雷神社で、新年の吉凶を占う亀卜が行われる。

**千尋藻みなと祭り**
豊玉町千尋藻地区の豊漁を願う祭り。漁船パレードが名物。

**ひとつばたご祭り**
日本最大のヒトツバタゴの自生地、鰐浦地区で開花に合わせて開催される。

## 見どころ・旬のネタ
※詳しくはP.121へ

🚶登山シーズン

● 生シイタケ
● 寒ブリ
● アコヤガイ貝柱
● ゲンカイツツジ
● ヒトツバタゴ

● アナゴ、アマダイ、マグロ、アラ、サザエ

対馬海流の影響を強く受ける対馬は、年間を通して気温差が小さく温暖。
ただし冬に北西の季節風が吹くと冷え込むので、上着などの防寒対策を忘れずに。
海遊びのベストシーズンは7〜8月だが、トレッキングは春と秋が快適だ。
冬は脂がのった寒ブリをはじめとした魚介のおいしさが際立つ！

| | 6月 | 7月 | 8月 | 9月 | 10月 | 11月 | 12月 |
|---|---|---|---|---|---|---|---|

（mm）・450

30.0
28.3
26.8　26.5
25.4　　24.2　　23.4　　22.3
24.7　　　　　　　　　　　　　18.7　　17.1
21.3　23.1　　20.6　　15.3　　13.3　　11.6
18.5　　　　　　　　　　　　　9.6　　8.0
・300
・150
4.3
・0

294.4　　370.5　　326.4　　235.5　　120.8　　100.6　　68.0

| 約21.97℃ | 約25.48℃ | 約28.05℃ | 約26.26℃ | 約23.78℃ | 約21.38℃ | 約18.99℃ |
|---|---|---|---|---|---|---|

オンシーズン　　　　　　　　　　　　　　　　　　　　　オフシーズン

**夏 6〜8月**　イカ漁の漁火が幻想的♪

7月中旬に梅雨が明けると、海水浴シーズンの到来。シーカヤックなどマリンアクティビティも楽しめる。お祭りやイベントもこの時期に多い。

**秋 9〜11月**

トレッキングや散策が気持ちいい、過ごしやすい季節。原木シイタケや採蜜したばかりの貴重なハチミツが出回り、おみやげにぴったり。

そうだ！対馬に行こう

**あじさい祭り**
上県町の海沿いに咲くアジサイを見ながら散策を楽しむ。

**万松院まつり**
宗氏の菩提寺、万松院で約350基の灯籠に明かりがともされる。

**小茂田濱神社大祭**
元寇で討ち死にした宗資国と家臣団の鎮魂のための行事。

**国境マラソンIN 対馬**
上対馬をフィールドにした10kmとハーフのマラソン大会。

**対馬厳原港まつり**
厳原の夏の風物詩。朝鮮通信使の行列をパレードで再現。

🚶 登山シーズン

🐚 海水浴シーズン

🍁 紅葉シーズン

🌼 ハクウンキスゲ

🍄 生シイタケ

🍯 ハチミツ

🌼 オウゴンオニユリ

🐟 アコヤガイ貝柱

🫐 ブルーベリー

🐟 伊奈サバ

# 日本の歴史に残る最重要交流拠点
# 対馬をもっとよく知るKeyword

対馬を知るなら、まずは雄大な自然と深い歴史に目を向けよう。
崇敬の対象でもあった神秘の森や山、格式高い神社、
そして国防の最前線としての役割。知るほどに対馬にハマるはず！

### 白嶽
Shiratake

**岩峰が輝く対馬のシンボル**
古来より対馬の人々にあがめられてきた霊峰、白嶽。うっそうと茂る原生林から突き出した双耳峰は、陽光を浴び神秘の輝きを放つ。山頂に登ると周囲をぐるりと見渡せ、天候がいい日は韓国の山が見えることも。→ P.42

### 城山に築かれた岩塊の大要塞

金田城は、667年、天智天皇の時代に唐・新羅連合軍の襲来に備えて築かれた古代山城。今でも見事な石塁や城戸の跡が見られる。明治時代には城山砲台が建造され、旧日本陸軍が国境防備の任にあたった。→ P.44

### 金田城
Kaneda Castle

### 神聖な空気に満ちた照葉樹林
島の89%が山地という対馬では、山岳信仰の聖地としてあがめられてきた山や森林が多く、そのため手つかずの原始林が残されている。白嶽や龍良山、神社の境内などで生命力に満ちた樹木が見られる。→ P.42

### 原始林
Primeval Forest

### 浅茅湾
Aso Bay

**日本有数の大規模なリアス海岸**
浅茅湾は対馬中部の西側に広がる、複雑に入り組んだリアス海岸の入江。穏やかな湾内では真珠やマグロ、ブリなどの養殖が行われている。シーカヤックやSUPのフィールドとしても注目度上昇中！→ P.54

### 神社
Shrine

### 交流拠点かつ国防の最前線
対馬から韓国までは直線距離で49.5km。古くから大陸や朝鮮半島との交流が盛んであり、また国同士の衝突の最前線でもあった。2015年には「国境の島 壱岐・対馬・五島〜古代からの架け橋〜」として日本遺産に認定されている。

### 国境の島
Border Island

### 島内に九州最多の式内社が点在
対馬には神社庁に登録されている神社が130社もあり、平安時代編纂の『延喜式神名帳』に記載された格式高い延喜式内社も29社存在する。これは九州最多を誇り、平安時代から対馬が重要な位置にあったことを示している。→ P.64

## 見ることも禁じられた
## タブーの地

オソロシドコロとは、対馬独自の天道信仰の聖地。龍良山の南には、天道信仰の中心人物、天道法師の墓地として八丁角が、北側にはその母の墓地とされる裏八丁角がある。また多久頭魂神社の境内にある不入坪もそのひとつ。→ P.46、65

### オソロシドコロ
### Osoroshidokoro

### 朝鮮通信使
### Korean Embassies

## 日本の文化発展にも寄与した使節団

室町時代から江戸時代にかけて朝鮮国が日本に派遣した外交使節団。江戸時代には 12 回来日しており、釜山から江戸までの交通、警備、宿泊、食事などを対馬藩が取り仕切った。そのぶん苦労も多かったという。→ P.112

### アナゴ
### Conger Eel

## 甘味が上品な刺身は驚きのうまさ

対馬の西沖は良質なアナゴの漁場として有名。岩礁が多く、栄養豊富な対馬暖流のおかげでエビやカニ、イカ、深海性のイワシなどが育つため、それを食べるアナゴも脂がのるそう。島の飲食店で刺身や寿司、フライなどを味わえる。→ P.24

### 元寇
### The Mongolian Invasions

## 対馬が激戦地となった
## 蒙古襲来

鎌倉時代に起きた元と高麗の連合軍による日本侵略を元寇と呼ぶ。日本への侵攻は 1274 年の文永の役と 1281 年の弘安の役の 2 回にわたり、対馬は最初の戦地となった。戦力の差は大きく、文永の役では約 3 万の兵を 80 騎で迎え打ち大敗した。→ P.105

### ツシマヤマネコ
### Tsushima Leopard Cat

## 里山で人間と共存する
## 島の宝

ツシマヤマネコは対馬にだけ生息する体長 70 ～ 80cm の野生のネコ。ベンガルヤマネコの亜種といわれる。生息地の減少や交通事故などの影響で現在は 100 頭ほどに減っており、保護や繁殖のための活動が行われている。→ P.48

### ニホンミツバチ
### Japanese Honeybee

## 島の恵みを凝縮した貴重な百花蜜

対馬は日本で唯一、セイヨウミツバチのいない島といわれ、ニホンミツバチの養蜂が盛ん。島内には蜂洞という筒状の巣箱が置かれ、ミツバチが四季折々の花から集めた芳醇でまろやかな百花蜜が採蜜される。→ P.109

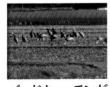

### バードウォッチング
### Birdwatching

## 迷鳥、珍鳥も多い野鳥の宝庫

多くの渡り鳥が飛来する対馬は、珍しい野鳥を観察できるバードウォッチングの聖地。ヤマショウビンやナベヅルなど人気の鳥が見られるほか、9 月は小型のタカ、アカハラダカの大群が南下する渡りが見もの。→ P.50

### 対州そば
### Taishu Soba

## 風味豊かな島の
## ソウルフード

対馬は日本で最初にそばが伝わった地といわれており、今も原種に近い状態のそばが栽培されている。小粒のそばは香りがよく、つなぎを使わない十割そばで味わうのが最高！ 鶏や魚、野菜と合わせるいりやきそばは絶品。→ P.25

# 島みやげ

島旅の思い出を持ち帰り♪
とっておき

雄大な自然に恵まれた対馬は、山海の幸の加工品が充実している。真珠のアクセサリーやヒノキの小物、ヤマネコグッズもチェック！

※買えるお店（A〜M）は P.23 に！

## 断然うまい 海の幸

栄養豊富な海で育った魚介を満喫

島のおみやげといえば、外せないのが海鮮加工品。特に対馬名物のアナゴは絶品！

**972円**

### 対馬あなごまぜごはん
2合のご飯と混ぜるだけで、脂がのった天然アナゴご飯のできあがり。Ⓐ

レンチンであなご亭の味♪

**2160円**

### 黄金あなご寿司
ふんわりと煮付けたほのかに甘い煮アナゴと酢飯を真空冷凍パックに。Ⓒ

**550円**

### いか一夜干し
新鮮なイカをさばき、干してすぐに冷凍。噛むほどにうま味があふれ出す。Ⓕ

**840円**

### あなごの刺身
冷凍のアナゴの刺身。水揚げ後すぐに冷凍するので食感も味も抜群。Ⓒ

**648円**

### しいたけ岩のり
磯の香りが食欲をそそる岩のりと、対馬の名産シイタケの佃煮。Ⓖ

### 対馬あなごの生姜煮
天然アナゴを、ショウガたっぷりの甘辛醤油だれで煮込んだ逸品。Ⓐ

**972円**

**380円**

### 乾燥アオサ
栄養豊富なアオサは、味噌汁やだし巻き玉子など何に入れても OK。パスタなど洋食にも合う。Ⓕ

### イカの塩辛（七味）
ピリッと辛い七味が、イカのうま味を引き立てる技ありの塩辛。お茶漬けに！Ⓕ

**500円**

### 島の特産品を手軽な一品に！
## 海と山のレトルトつまみ
コノソレ・キッチンの「海と山のおつまみ」シリーズは、対馬の食材にこだわった人気商品。原木シイタケやアコヤ貝、イノシシなどを、対馬の藻塩や地酒の白嶽、対馬和蜂のハチミツなどでアレンジ。温めるだけで、酒のお供にぴったりな一品が完成する。

パッケージもおしゃれなのでプレゼントに最適。500〜700円 Ⓒ

## 森が育む 山の幸

自宅で楽しむ島の味

郷土料理の「とんちゃん」や「いりやき」は、冷凍で持ち帰って自宅で再現してみよう。

**840円**

**1480円**

### 平和とんちゃん（中）
とんちゃんの本場、上対馬の人気商品。甘辛い味で、野菜と炒めれば完成。Ⓕ

冷凍のまま自宅へ

### シシ肉とんちゃん
豊かな森で育ったイノシシを麹で軟らかく仕上げ甘辛く味付け。Ⓒ

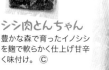

**1080円**

### 鶏のいりやき
冷凍の鶏肉とスープのセット。野菜を加えるだけで鶏のいりやきが完成 Ⓕ

**1080円**

**540円**

### かさきのこ
原木栽培したシイタケを、使いやすくスライス。煮物から炒め物まで便利。Ⓕ

### 原木しいたけ
栄養たっぷりの原木で育った、肉厚で香り高いシイタケ。風味が違う。Ⓒ

### イノシシブロック
イノシシを藻塩と黒コショウで味付けしロースト。そのままでも焼いても。Ⓒ

**500円**

**500円**

### 鹿肉ブロック
シカのすね肉のロースト。そのままでおいしいので登山の行動食や非常食にもいい。Ⓒ

**570円**

### ソーセージ
対馬産シカ肉の薫製ソーセージはおつまみにぴったり。冷凍製品。Ⓒ

## 島の食材を使った鉄板みやげ

# 素朴な甘さ♪ スイーツ

誰にあげても喜ばれる島のお菓子。小分けタイプならバラマキみやげにもぴったり。

**750円（5個）**

### 小まき
豊玉の名店が手がける、食べやすい小ぶりのかすまき（→ P.89）。上品な甘さ。 Ⓗ

**129円**

### しおチョコ
対馬の藻塩がアクセントになったチョコレート風味のカップケーキ。甘さ控え目。 Ⓖ

**151円**

### いもキャラメル
サツマイモとキャラメルの濃厚なコラボレーション。しっとり生地が好食感。 Ⓖ

さっくり軽い口当たり

**840円**

### 焼きドーナツ
きなこやゴマ、イチゴといったバラエティ豊かなフレーバーが楽しい。 Ⓖ

### 島蜜かすてら（大）
貴重なニホンミツバチの蜜を使った甘味の濃いカステラ。10 個入り。 Ⓕ

**1200円**

**1296円**

### 焦がし醤油パイ
島で唯一の醤油店、對馬醤油の醤油を使用。香ばしく甘い大人の味。 Ⓖ

**280円**

### 松葉せんべい
対馬産の焦がし醤油が香ばしい、松の葉をかたどった煎餅。 Ⓔ

**280円**

### 玉子せんべい
玉子を使った優しい甘さの煎餅。黒ゴマがアクセント。 Ⓔ

**280円**

### 塩せんべい
対馬産の天日塩を使用。甘さ控えめなのでおつまみにも。 Ⓔ

散策の休憩に、ひんやり幸せ

### 島食材のアイスクリーム
上県町にある「そば道場 あがたの里」で人気を集めているのがアイスクリーム。石臼で挽いたそば粉を使った対州そば味と、対馬名産の「島の瞳」を使ったブルーベリーヨーグルト味の 2 種。どちらも口の中で素材の味が広がる。店内でもテイクアウトでも OK。

ほどよい甘さと素材の風味がマッチ。
各 300 円 Ⓙ

---

## 素材の味を感じさせる手作りの逸品

# 華やか! フルーツ&ハニー

島のフルーツを贅沢に使ったジャムは料理に使っても OK。名産品のハチミツは自分用に。

**2200円**

### 対馬倭蜂蜂蜜 蜂王
対馬に生息するニホンミツバチのハチミツ。巣の中で 1 年間熟成させるため濃厚。 Ⓒ

**580円**

### すももジャム
豆酘名産のスモモを砂糖とレモンだけで仕上げた自然な味わい。 Ⓑ

**411円**

### びわじゃむ
ビワをたっぷり使った果肉感がうれしい贅沢ジャム。対馬のハチミツ入り。 Ⓕ

**340円**

TSUSHIMA SUNSET SODA
対馬産のブルーベリー「島の瞳」とハチミツを使ったさわやかなサイダー。 Ⓕ

**454円**

### 島の瞳ブルーベリーソース
「島の瞳」で作ったフルーツソース。ヨーグルトやパンケーキにも◎。 Ⓕ

**411円**

### ブルーベリージャム
ブルーベリーとグラニュー糖、レモンだけで仕上げた素朴な味わいのジャム。 Ⓕ

## 食材の味を引き立てるバイプレイヤー
# 香り豊かな 調味料

島食材にひと手間加えた風味豊かな調味料。
パッケージがおしゃれな商品も増えている。

各800円

378円

### あおさ醤油
対馬産のアオサが香る對馬醤油の商品。豆腐や納豆にかけて召し上がれ。Ⓖ

540円

### もじお
アラメやホンダワラなどミネラル豊富な海藻を加えた自然塩。Ⓕ

### 柚子のスパイス

対馬産のユズを使った調味料。フレッシュな香りが料理を引き立てる。一味や塩など全4種類。Ⓒ

### ゆずコショウ
通常3割ほどのユズを6割に増やすことで、青ユズの香りをたっぷり楽しめる。Ⓒ

540円

864円

### 対馬スパイス FOR DEER
スモーキーな香りのスパイス。シカ肉や鶏肉にまぶしてグリルして。Ⓒ

864円

### 対馬スパイス FOR FISH & VEGETABLES
バジルやローズマリーのさわやかな香り。魚の下味のほか天ぷらにも。Ⓒ

---

### 希少な茶葉、べにふうきを使用
## 対馬紅茶でほっこり
上県町の御岳の麓にあるつしま大石農園では、2007年より茶樹を植栽し対馬紅茶を製造している。栽培するのは日本で品種改良された「べにふうき」。ダージリンに似た香りのよい紅茶は専門家からの評価も高く、対馬の名産品のひとつになっている。

かわいいパッケージも人気の秘密。リーフ（左）650円、ティーバッグ2個（右）330円 Ⓚ

---

## たたずまいがかわいい島のアイドル
# キュート☆ ヤマネコグッズ

実際はめったに見られないツシマヤマネコだが、モチーフにしたアイテムは豊富に揃う。

各500円

### アクリルキーホルダー
ツシマヤマネコのあかにゃんシリーズ。イラストは裏にも描かれている。Ⓚ

各1500円

### コースター
ケヤキの木目を生かした手作りコースター。飾ってもかわいい。Ⓚ

1500円

### 佐護ツシマヤマネコ米（3合×3個）
環境に配慮した佐護ツシマヤマネコ米。3合袋が3個入る、オリジナルギフトボックス付き。Ⓚ

1078円

### ぬいぐるみ
両手にマグネットが付いていて、いろいろなポーズができる！Ⓖ

ひと休みポーズにゃん

### 手ぬぐい
対馬野生生物保護センターのオリジナル商品。ヤマネコの表情がキュート。Ⓘ

1200円

3200円

### オーガニックコットンTシャツ「田ねこ」
「田ねこ」とは、島でのヤマネコの呼び名。着心地のいい綿100％。

2000円

### 田ねこ型ランチボックス
佐護ツシマヤマネコ米オリジナルの、かわいいランチボックス。Ⓚ

# ぬくもりの雑貨&アクセ

島の植物や生物を素材にした個性的なアイテムが充実。大切な人へのおみやげに。

**2530円**

## ハニーソープ
30日間熟成させたハチミツ配合石鹸。きめ細かな泡立ちでしっとり。C

**5500円**

## 名刺入れ
シカとイノシシの革から選べる。カラーバリエーションも豊富。D

## がまぐちポーチ
ころんとしたフォルムがかわいい財布。使い込むほどに風合いが増す。D

**5500円**

幻想的な世界に♪

**5500円**

**6000円**

## エッセンシャルオイルセット
対馬産のスギ、モミ、ヒノキから精製した、森の香りの精油セット。K

## 白嶽ミニ袋
対馬を代表する酒の布袋。お弁当を入れるのにぴったり♪ G

**550円**

## ウニホタルランプ（充電式）
磯焼けの一因となるため駆除されるガンガゼを、ランプに活用したアイデア商品。K

**8800円**

## リボンネックレス
しずく形の真珠を、リボンのように合わせた個性派ネックレス。カジュアルに楽しんで。L

## ブレスレット
対馬産のアコヤ真珠にイノシシやシカの革ひもを合わせ上品な雰囲気に。L

**5500円**

**3500円〜**

## ヒノキの弁当箱
ヒノキは調湿性があるので、時間がたってもご飯がふっくら。C

おいしさ倍増！

**6500円**

**1000円**

## ヒノキ杯
対馬産のヒノキのおちょこ。日本酒を注ぐとほのかによい香り。C

## 手作り積み木
対馬のヒノキとウォールナットで作ったシンプルな積み木。角は丸く仕上げてあり安心。M

## 木皿
インテリアにもなりそうな、木目が美しい木皿。アウトドアにも。M

**4800円**

### ここで買えます！

| | | |
|---|---|---|
| A | すし処 慎一 | P.29 |
| B | 対馬産直の駅豆酘 | P.81 |
| C | ふれあい処つしま 特産品の間 | P.82 |
| D | daidai | P.82 |
| E | 渡辺菓子舗 | P.82 |
| F | サイキバリュー 美津島店 | P.89 |
| G | 対馬空港売店 | P.89 |
| H | 菓匠 百乃屋 | P.89 |
| I | 対馬野生生物保護センター | P.94 |
| J | そば道場 あがたの里 | P.96 |
| K | サステナブルショップ・ミット | P.97 |
| L | 対馬パール | P.97 |
| M | Kiiro | P.108 |

便利なメジャー付き

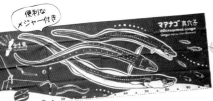

**1600円**

## マアナゴ手ぬぐい
対馬の名産マアナゴの大判手ぬぐい。1枚ずつ職人の手で染めている。K

旅の醍醐味は食にあり！

今すぐ食べたい

# 島グルメ

栄養豊かな海に囲まれた対馬は、魚介がおいしいことで知られる。特に全国一の水揚げを誇るアナゴは、思わず声が出る驚きのうまさ。肉厚の原木シイタケも絶品！

歯応えプリプリ

豊かな海で育った島魚

鮮度抜群！
## 魚介料理

韓国との国境付近で捕れる黄金あなごをはじめ、対馬で食べられる魚介の種類は多種多様。店のスタッフに旬の魚を聞いてみよう。

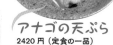

## 幸生丸あなご刺身
1650 円

新鮮なアナゴは、薄造りにしてポン酢で味わう。ほのかな甘味が広がる。　●すし処 慎一→ P.29

## アナゴの天ぷら
2420 円（定食の一品）

西沖で捕れる黄金あなごは最高級のブランド魚。上品な白身は絶品。　●あなご亭→ P.28

煮るとうま味が！

## 赤ハタの煮つけ 1000 円〜
岩礁域に生息する高級魚。クセのない白身を、甘辛いたれで煮つけに。　●めしや→ P.79

魚のうま味が凝縮！

## アラカブの唐揚げ
800 円〜

アラカブとは根魚のカサゴのこと。締まった白身は脂がのりおいしい。　●和食 DINING 壱→ P.78

## アジフライ 680 円
新鮮なアジを揚げた島の定番料理。肉厚だが、口の中でほろほろと崩れる。　●対馬久兵衛食堂→ P.96

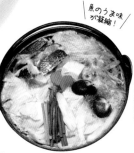

## 魚いりやき 5000 円（2人前）
具材たっぷりの郷土鍋。やや甘めのだしに地魚のうま味が加わり贅沢な味わい。　●割烹 八丁→ P.78

## アコヤ貝の貝柱かき揚げ 880 円
真珠の養殖に使われるアコヤ貝。コリコリ食感の貝柱はつまみに最適。　●めしや→ P.79

## マグロの刺身
1700 円

対馬はマグロの養殖が盛ん。冷凍していない赤身は、身が締まり、味も濃厚！　●旬彩 和らく→ P.78

## カンパチのカブト焼き
1650 円

脂ののったカンパチのカマを塩焼きで。うま味のあるほおがおいしい。　●居酒屋かめちゃん→ P.79

## サザエの刺身 550 円
流れが速い対馬近海のサザエは大ぶり。コリコリの食感を楽しんで。　●肴や えん→ P.28

うま味を引き出す伝統の技
### 新鮮な魚を石焼きでいただく
石焼きとは、文字どおり魚介や野菜を熱した石の上で焼いて食べる郷土料理。もとは海から戻った漁師が、焚火に入れた石の上で魚介を焼いたのが始まりだとか。石英斑岩という火山岩を使うのが特徴で、遠赤外線でふっくらと焼き上がった魚介はうま味たっぷり♪

日本料理 志まもと自慢の石焼き（コース料理）4400 円→ P.78

うま味あふれるガッツリ系

## 満足度 No.1 肉料理

対馬が誇る郷土料理とんちゃんのほか、鶏のいりやき、駆除されたシカやイノシシ肉の加工品も食べられる。

### イノシシ串 250円

捕獲されたイノシシは、加工場で処理され食用に。うま味たっぷりの串焼きで。
●居酒屋 対玄→ P.79

### イノシシ肉の焼肉
500円

ドングリなどの木の実を食べて育ったイノシシは、脂ののりがいい！ ●猪鹿鳥→ P.88

### シカ肉の焼肉 500円

増えすぎたシカを捕獲し、食用に加工。さっぱりとした赤身は上品な味。 ●猪鹿鳥→ P.88

在日韓国人から伝わった

### とんちゃん 1180円

醤油や味噌ベースの調味料に漬けた豚肉を、野菜と炒めたご当地グルメ。店によって味付けが異なる。
●対馬久兵衛食堂→ P.96

食感が心地よい森のアワビ

**対馬名物、原木シイタケ**

うっそうと茂る森の中で育てられるシイタケは、対馬の名産品のひとつ。対馬にはシイタケの栽培に最適な広葉樹の原木が多く、樹木の栄養をたっぷり吸収した肉厚のシイタケが採れる。冬の季節風により身が締まったシイタケは、コリコリとした食感も魅力だ。

10月下旬〜12月初旬と2月〜4月中旬が収穫期

島食材を存分に味わう

## ランチの定番 麺＆ご飯もの

人気があるのは島魚を使った握り寿司や海鮮丼、アナゴ天丼。対馬のそば粉で打った対州そばもお試しあれ。

### 対州そば（もり）
650円

古くから栽培されている原種に近いそばを使用。風味が立っている。
●そば道場 美津島店→ P.88

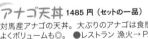

### いりやきそば 750円

地鶏と野菜を煮た「いりやき」がのった具だくさんの対州そば。甘めのスープが後を引く。
●そば道場 あがたの里→ P.96

### ろくべえ 800円

サツマイモのでんぷん「せん」を使った伝統の麺料理。プルンとした食感が特徴。
●そば道場 美津島店→ P.88

### アナゴ天丼 1485円（セットの一品）

対馬産アナゴの天丼。大ぶりのアナゴは食感がよくボリュームも◎。●レストラン 漁火→ P.29

### ちゃんぽん 950円

長崎の郷土料理といえば、ちゃんぽんは外せない。ランチにぴったり。 ●キッチンひらやま→ P.88

甘めのたれがたまりません

### 握り寿司 1280円

島の魚介を味わうならやっぱり寿司がいちばん。旬の魚を狙って。 ●三楽寿司→ P.95

### 海鮮丼 2500円（セットの一品）

酢飯の上に島の魚介がたっぷりのった、食べ応え十分の極上丼。
●みなと寿し→ P.95

島魚のハーモニー

のんびり過ごしたい日は部屋食がおすすめ！

# 対馬の絶品テイクアウトグルメ

今日は疲れたから外で食事をするのは面倒……なんていうときは、レストランのテイクアウトや
スーパーマーケットを活用。新鮮な魚介を中心に、島食材を使った絶品グルメが充実している。

\いろいろ食べられる♪/

刺身盛り合わせ 1491円

### 旬の魚をチョイス！
## 刺身

スーパーマーケットの鮮魚
コーナーに対馬産の刺身が
並ぶ。漁師が持ち込んだヒ
ラス（ヒラマサ）やマダイな
どがあることも。キッチン付
きの宿なら、さくで買っても
いい。●サイキバリュー 美
津島店→P.89

### 刺身をアレンジして 海鮮丼に！

スーパーマーケットで白飯を買って、刺身をのせれば
豪華な島魚の海鮮丼が完成！ マグロ丼やアジ丼な
どのアレンジも可能。残った刺身を醤油に漬けて、づ
け丼にするのもいい。白飯 173円
●サイキバリュー 美津島店→P.89

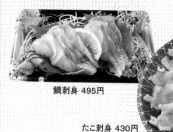

鯛刺身 495円

たこ刺身 430円

\塩ポン酢付き/

### 近海の魚介がたっぷり
## 握り寿司

寿司店のテイクアウトのほか、スーパーマーケットで
も握り寿司が売っている。対馬産の養殖本マグロ「ト
ロの華」が入っているセットもあり、地魚を存分に
楽しめる。●サイキバリュー 美津島店→P.89

握り寿司 486円

### 好みの具材は予約を
## 弁当

レストランが作っ
ているお弁当なら
島の食材を使った
ものが手に入る。
人気の料理店「肴
や えん」は島の
人にも大人気のお
弁当がずらり。昼
すぎには売り切れ
ることが多い。
●肴や えん→P.28

ヒラスのカマ弁当 540円

\対馬産のネタがたっぷり/

特上握り寿司 1383円

---

### 超簡単クッキング！ レトルトグルメを作ってみた♪

**対馬原木椎茸ステーキ**
864円
特産品の原木椎茸を乾燥させ
てうま味を凝縮。戻してある
ので軽く焼けば食べられる。

**即席ろくべえ**
756円
お湯で煮ほぐしてからスープと
一緒に温めれば、サツマイモ
で作った郷土料理が完成。

**即席いりやき真鯛**
864円
鍋にスープを入れ、好みの野
菜とぐつぐつ煮るだけ。マダイ
のだしが染み出した逸品。

●3品ともサイキバリュー 美津島店→P.89

## ハワイの風を感じて♪
## プレートランチ

佐須奈の「MOKULUA Island Grill」は、キャンピングトレーラーを利用したテイクアウト専門店。ハワイ好きの店主が作る本格的なハワイ料理を持ち帰り。一番人気はモチコチキン!
● MOKULUA Island Grill → P.97

＼ポン酢ソースがさわやか!／

カルアビッグとグリルキャベツ
1050円

モチコチキン 930円

## イノシシやシカを資源として活用
## ジビエ加工品

対馬市では、農作物や森林被害の一因となるイノシシやシカを駆除しているが、それを食用資源として活用する取り組みが始まっている。「caro」というブランドでおみやげにも最適。
● サイキバリュー 美津島店 → P.89

イノシシベーコン 564円

イノシシと鶏をMIX

レバーパテ 583円

## 旅先でもスイーツは絶対!
## クレープ

手軽にどこでも食べられるクレープは、小腹がすいたとき、ちょっと甘いものが欲しいときにぴったり。Gカフェ（→ P.31）の人気クレープがサイキバリューで手に入る。
●サイキバリュー 美津島店 → P.89

クレープ各種
388円〜

## トレッキングにもおすすめ
## 総菜パン

対馬にはベーカリーが数軒あり手軽な朝食やランチにぴったり。雞知にある「石窯パン工房 大地のめぐみ」は国道沿いの好立地が魅力。総菜パンが充実しているのもうれしい。
●石窯パン工房 大地のめぐみ → P.88

＼タルタルソースも絶品♪／

フライドフィッシュパン 210円

カレーパン 170円

サンドイッチ 290円

### みんな大好き! ベーカリー・オーグシ

対馬の人々にはおなじみの大串製パン。素朴な総菜パンはまさに対馬のソウルフード!? 「サイキバリュー 美津島店」で手に入るので、朝ごはんに買ってみてはいかが?

ホットドッグパン 171円

タマゴロール 129円

## ランチにもディナーにもおすすめ
## ピザ

食事にもお酒のつまみにもぴったりのピザは、キング・オブ・テイクアウトグルメ。厳原の「Gカフェ」では焼きたてピザをテイクアウトできる。ホテルにレンジがあれば温めて召し上がれ。
● Gカフェ → P.31

ミックスピザ 1650円

---

### 🍴 おウチで島の味を再現! 対馬の食材を持ち帰って郷土料理を堪能 🍴

**アジの干物** 焼く
3枚540円
アジの開きやイカの一夜干しは島の定番みやげ。冷凍で購入してクール便で送るといい。

**ニナ** ゆでる
400円
地域によってはシッタカやミナとも呼ばれる貝。砂抜きしてゆでるだけでおいしいつまみに。

**アナゴの開き** 揚げる
627円
脂ののったアナゴは天ぷらやフライがおすすめ。肉厚の身はふんわりと軟らかく上品な味。

**とんちゃん** 炒める
907円
味付けされているので、好みの野菜と一緒に炒めるだけ。好みで辛味を加えてもいい。

● 4品ともサイキバリュー 美津島店→ P.89

※各食材の料金は、2022年4月に購入した際のものです。特売や割引料金もありますのでご了承ください

# 対馬の海の恵みを味わう割烹＆居酒屋へ
# 地元のイチオシ！ 評判の料理店

魚がおいしいことで知られる対馬。島外でも、対馬の魚を使いたいという飲食店は多い。
栄養豊富な海で捕れた魚介は、脂ののりがよく、うま味もしっかり。
そんな島の魚を味わえる人気店をピックアップして紹介！

## 豊玉
## あなご亭（てい）

### 対馬でアナゴ料理を味わうなら
### まず目指すべき名店

アナゴが特産の対馬。特に島の西側はエビやカニなどのアナゴの餌が豊富で、強い流れが身の締まったしなやかなアナゴを育む。あなご亭では、西側でも特に優れた漁場で捕れたアナゴを職人が厳選し「黄金あなご」というブランドアナゴとして提供。淡泊で上品な白身のアナゴは、刺身でも天ぷらでも感動的なおいしさだ。営業時間は短いが、ここを目指して行く価値がある。

MAP P.85A2　対馬空港から車で約35分　対馬市豊玉町仁位2091-3　(0920) 58-2000　11:30〜14:00（金〜日曜のみ営業）　予約 予約優先。ただし予約は11:30のみ　カード 可　駐車場 あり　URL anago-tei.com

←間仕切りがあり、気兼ねなく過ごせる

→アクセスは決してよくないが、開店と同時に満席に

これも必食！
**天ぷら定食 2420円**
ふっくらとしたアナゴは天ぷらでも美味。揚げたての食感と風味は格別！

サクサクの天ぷらがたまらない！

**イチオシ！**
**握り寿司定食 2200円**
繊細ながらうま味たっぷりの刺身と、ふっくら仕上げた煮穴子の両方の寿司が味わえる人気メニュー。ふたつのおいしいとこ取り！

## 美津島
## 肴（さかな）や えん

### 島の魚介を手軽に楽しむ、空港近くの繁盛店

対馬の鮮魚を扱う丸徳水産の直営店。養殖から加工までを手がける会社だけあり、新鮮な魚介をリーズナブルに味わえる。魚介はもちろん、野菜や肉もなるべく対馬のものを使うのがこだわり。メニュー数が多く、定食から一品料理まで揃っているので対馬のさまざまな食材を楽しめる。

MAP 折り込み③B1　対馬空港から徒歩約3分　対馬市美津島町雞知乙332-1　(0920) 54-5081　11:00〜14:30、17:00〜21:40（料理L.O.21:00、ドリンクL.O.21:15）　月曜　カード 可　駐車場 あり　URL marutoku-suisan.com

**イチオシ！**
**れんこ鯛の唐揚げ 825円**
**サザエの刺身 550円**
**さばの炙り鮨 935円**
多種多様な魚介を扱うが、なかでも人気なのが万関瀬戸で育てられたサバ。脂がのったサバは刺身や炙り、寿司などで味わえる。上品な白身のレンコ鯛やコリコリ食感のサザエもおすすめ。

→店内は個室とテーブル席があり、子連れのファミリーも多い

←寿司や天ぷら、サザエの刺身がセットになった肴や定食 2000円

これも必食！
**そう介のメンチカツ 638円**
海藻を食べ尽くすイスズミは磯焼けの原因のひとつ。磯臭さも嫌われるが、メンチカツは臭いが消え、プリプリの食感とジューシーな味わい。環境保全にもつながる名物料理だ。

食べて磯焼け対策♪

28

## 上対馬

### すし処 慎一
（どころ　しんいち）

**対馬名物、脂がのった絶品アナゴ料理に感激**

「上対馬に行くなら慎一へ」といわれる、漁業関係者も太鼓判をおす実力店。穴子船の幸生丸直営で、対馬北西部で捕れた最高級のアナゴを刺身や天ぷら、白焼きなどさまざまな調理法で味わえる。ほかにも対馬産の旬の魚介が充実している。

**MAP** 折り込み④D1　**交** 比田勝港国際ターミナルから徒歩約6分　**住** 対馬市上対馬町古里13-3　**電** (0920) 86-3749　**時** 11:30～14:00 (L.O.13:30)、18:00～22:00 (L.O.21:30)　**休** 火曜　**カード** 可　**駐車場** あり
**URL** www.sushi-shinichi.com/sushi

←寿司職人の大将が、アナゴ料理を中心に腕を振るう

→上対馬随一の人気店なので、行く日が決まったら予約を！

**これも必食！**

**あなご箱寿司 1100円**
甘辛いたれでしっかり味付けした箱寿司は、ぶ厚いアナゴと酢飯のバランスが最高。食事としても、お酒と一緒でも、もちろん飲んだあとのシメにも最適。

新鮮アナゴの存在感！

**イチオシ！**
あなご一本にぎり 990円（1個）
幸生丸あなごの刺身 1650円
新鮮なマアナゴの刺身は脂がのっており、ほのかな甘味が広がる驚きの体験。ほろほろと崩れる軟らかな煮穴子の握りも、思わず顔がほころぶおいしさ。

---

### 味処 千両
（あじどころ　せんりょう）

**厳原**

**郷土料理だけでなく中華やイタリアンも並ぶ居酒屋**

いりやきやろくべえ、とんちゃんなどの郷土料理をはじめ、刺身や寿司などの地魚料理、広東・四川をベースにした本格チャイニーズ、米粉を使った自家製ピザまで、客のリクエストに応えているうちにどんどんメニューが増えてしまったという人気店。個室もあるので子連れでも安心だ。

**MAP** 折り込み②D3　**交** 観光情報館 ふれあい処つしまから徒歩約3分　**住** 対馬市厳原町大手橋1079　**電** (0920) 52-4406　**時** 11:00～14:00 (L.O.13:30)、17:00～22:30 (L.O. 21:00)　**休** 不定休　**駐車場** あり
**Instagram** senryo_tsushima

カウンター席のほか、テーブル席、個室などがある

**イチオシ！**
焼魚定食 1485円
（ランチ 1320円）
日替わりの魚を使った焼き魚。その日の仕入れによって店主イチオシの魚を使うので、脂がのって美味！

**これも必食！**

**対馬荒磯海鮮丼 1815円**
内容は日替わりだが、ヒラマサ、タイ、イカなどがたっぷりのって大満足

対馬の鮮魚が大集合♪

---

### レストラン 漁火
（いさりび）

**美津島**

**対馬の郷土料理が揃うホテルのメインダイニング**

対馬グランドホテル内にあり、目の前に広がる海を眺めながら郷土料理をはじめ、洋食、おつまみ、スイーツなどが味わえる。対馬名物が揃うので、島の滞在時間が限られている人もここにくればひととおり味わうことができる。

オーシャンビューの開放的な店内

**イチオシ！**
玄人御膳
2915円
とんちゃん、ろくべえ、アナゴ天ぷら、刺身と対馬の名物が一度に味わえる贅沢なセット。

**MAP** P.85B4　**交** 対馬空港から車で約10分　**住** 対馬グランドホテル（→P.90）　**電** (0920) 54-9100　**時** 11:00～14:00、17:00～21:30 (L.O. 20:30)　**休** なし　**カード** 可　**駐車場** あり
**URL** tsushima-grandhotel.com

**これも必食！**

甘辛のツユで箸が進む！

**穴子天丼 1485円**
対馬産のアナゴを使用した天丼。鮮度のよいアナゴだから軟らかくクセもない

# ゆるゆる過ごす島時間も魅力
## ほっこり♪ アイランドカフェ

町歩きやドライブの途中に寄りたいカフェは、のんびり過ごせる居心地のよさがポイント。島食材を使ったスイーツやドリンクと一緒に島時間を楽しんで。

窓の外を眺めながらフルーツパフェ 750円とアイスコーヒー 400円を

地元客にも愛されるノスタルジックな空間

## 美津島
## やすらぎ

空港から北部へ向かう途中、真っ赤な万関橋を渡ってすぐの高台に立つカフェ＆レストラン。レトロな喫茶店といった雰囲気の店内で落ち着いて過ごせる。カフェメニューはもちろん、アジフライ定食 1100円やエビ天うどんなど食事もできるのがうれしい。

**MAP** P.85B3　**交** 対馬空港から車で約8分
**住** 対馬市美津島町久須保663
**電** (0920) 54-2964
**時** 11:00～20:30（L.O.20:00）
**休** 第2・4水曜　**駐車場** あり

左／対馬を南北に貫く国道沿いにあり、ドライブ途中の休憩にぴったり　右／カフェとしてはもちろん、食事にも使える便利なレストラン

**ほっこり♪ポイント**　窓の外に広がる対馬らしい景観

窓際の席に座ると、窓から見えるのは入り組んだリアス海岸。万関瀬戸につながる久須保浦と、こんもり茂る岬は対馬を象徴するような景観だ。時間帯によっては漁船が見られることも。

---

対馬の食材を使った新名物料理が誕生！

対馬バーガー 670円とはちみつレモン 500円

## 厳原
## 対馬バーガーkiyo

厳原の中心部にあるハンバーガーショップ。特産のヒジキを練り込んだパテとイカを挟んだ対馬バーガーは、ヒジキのうま味とイカの食感が絶妙にマッチ。郷土料理のとんちゃんを使ったとんちゃんバーガー 730円にもぜひトライして。

**MAP** 折り込み②C3　**交** 観光情報館 ふれあい処つしまから徒歩約7分　**住** 対馬市厳原町大手橋1052　**電** (0920) 52-0873　**時** 11:30～18:00　**休** 水・木曜（祝日の場合は火曜）
**駐車場** あり

上／ウッディな店内　下／アイデアマンのご主人が開発するユニークなメニューを楽しんで

**ほっこり♪ポイント**　対馬のハチミツを使ったレモネード

対馬のニホンミツバチのハチミツを使ったレモネードは、さわやかな酸味と甘味でリフレッシュできる。

30

対馬の素材がたっぷり
詰まったキュートな一皿

わんぱくがっつりプレート1430円
（ドリンク付き）は対馬産そば粉の
ガレットに野菜がたっぷり

## 厳原

# Ｇカフェ
（じー）

　30年前、クレープハウスとして開店して以来愛されてきたスイーツ店。お客さんのリクエストに応えるうちにガレットやピザ、ハンバーグ、ワッフルやパンケーキなどメニューがどんどん増えたとか。自家菜園のハーブや対馬産紅茶を使うなど島の素材にもこだわる。

**MAP** P.74B2　**交** 観光情報館 ふれあい処つしまから車で約7分　**住** 対馬市厳原町久田95-123　**電** (0920)52-5156　**時** 11:00～18:00　**休** 火曜　**カード** 可　**駐車場** あり

**ほっこり♪ポイント**　緑に包まれた秘密の一軒家

厳原中心部から少し離れた小高い山の中腹にある一軒家カフェ。きれいに手入れされたガーデンを望むカントリー調の店は隠れ家みたいな雰囲気。

左上／焼きたてワッフルに、フルーツとアイスがたっぷりのった、ワッフルボウル アイスボウルスペシャル 880円　左下／オーナーがコツコツ集めた雑貨がちりばめられたレトロカントリーな店内　右下／坂の上に現れるかわいい店

---

チョコレートの濃厚な香りが口いっぱいに広がるリッチチョコレートミルクフラッペ 650円

地域の人々と旅人の
ベースを作りたいとオープン

## 厳原

# YELLOW BASE COFFEE
（いえろーべいすこーひー）

　地域の人々が気軽に通い集える場所を作りたい。そんな思いから始まったカフェ。オリジナルの対馬ブレンド450円は透明感のあるすっきりとした味わい。対馬の塩カフェオーレ 530円やドーナツ 300円も人気メニュー。

上／ソファがゆったり配されたくつろげる店内　中／コーヒー豆やカフェオレベースなども販売　下／厳原の中心部にあり町歩きの休憩にもぴったり

**MAP** 折り込み②C2　**交** 観光情報館 ふれあい処つしまから徒歩約5分　**住** 対馬市厳原田渕808　**電** なし　**時** 不定　**休** 時間と定休日はInstagramで確認　**カード** 可　**駐車場** あり
**Ⓘ** yellowbasecoffee_tsushima

**ほっこり♪ポイント**　デザート系ドリンクが美味！

コーヒーやエスプレッソはもちろん、フラッペ類もおいしい。定番に加え季節限定商品も登場するのでメニューをチェック！

---

たい焼きがまるごと刺さった
愛でたいパフェ 500円

対馬愛が詰まった
カラフルなたい焼き

## 厳原

# つしま愛らんど 愛でたいカフェ
（あい）（め）

　対馬出身のオーナーが対馬の食材を使ったたい焼きを考案。スタンダードなあんこから、対州そば葉茎粉入りの緑色のたい焼き、対馬海鮮イカタコカレーが入ったおかず系などその種類はなんと25種類以上。好みの味を見つけて。200円～。

**MAP** 折り込み②C2
**交** 観光情報館 ふれあい処つしまから徒歩約5分
**住** 対馬市厳原田渕1036-2
**電** (0920)52-1515
**時** 10:00～18:00（9～3月は9:30～17:30）
**休** 月・木曜
**駐車場** なし

右上／Wi-Fiや電源コンセントが使える　右下／無農薬や有機栽培など素材にこだわるおみやげも並ぶ

**ほっこり♪ポイント**　食事メニューも豊富

たい焼きの種類も豊富だけど、ハンバーグやオムライス、パスタ、そばと食事メニューも用意されている。お昼を食べ損ねたときにも重宝。

穴子船22

すし処 慎一 幸生丸

Shimabito

漁師が食べていたアナゴの刺身を観光のお客さんにも味わってほしい

あなご一本にぎり（手前）とあなごの刺身（奥）は絶対に食べたいご当地グルメ

## すし処 慎一 築城 慎一 さん(中)
## 順一郎 さん(右) 建太郎 さん(左)

### 対馬のおいしい魚介を気軽に食べてもらいたい

上対馬の海沿いに立つ「すし処 慎一」は、地元の人たちも絶賛する海鮮料理の名店。なかでも脂ののったアナゴは絶品。長男の慎一さんが漁船でアナゴを捕り、三男の建太郎さんが新鮮なうちに加工、次男の順一郎さんが板場で調理する。三兄弟が力を合わせて生み出すアナゴ料理は、そのために県外から訪れる人がいるほどのおいしさ。

「2016年11月に店を始めたのですが、それまでは上対馬に地元の魚を食べさせる店がなかったんです」と慎一さん。対馬で捕れた魚介はほとんどが島外に出荷されていたそう。

「対馬の北西沖はアナゴの生育に適した地形で、潮の流れが速く栄養豊富なため良質なアナゴが捕れます。そのアナゴを中心に、対馬の魚を気軽に食べていただきたいと思い、店をオープンしました」

慎一さんがアナゴ漁船、幸生丸で行っているのはカゴ漁。スルメイカを入れた1000個の筒を沈め4時間ほどかけて引き上げる。乱獲につながるトロール漁とは異なる持続可能な漁業で、品質のよさも保てるのが魅力だ。

「アナゴの刺身って昔から漁師が食べていた料理なんです。そのおいしさを観光のお客さんにも味わってもらえるのがうれしいです」

### 上対馬の活性化を進める広報＆宴会部長!?

慎一さんは上対馬の活性化にもひと役買っている。「上対馬おもてなしネットワーク」の代表を務め、上対馬の魅力をPRしたり、観光客を呼び込むイベントを企画したりと奮闘中。

「いろいろな業種の人と協力して、その結果、対馬が全体的によくなるといいなと思っています」と笑う慎一さんの日焼けした肌に白い歯が光る。この笑顔が人を引き付ける。

取材のあと、居酒屋で知り合った若者に聞くと「1972年生まれ

餌のスルメイカをカプセルに入れ、アナゴに臭いが移らないよう工夫している

の慎一さんは、年配者と若者の調整役のような存在」だそう。若い人たちにとっては相談にのってくれる頼れる兄貴といったところだ。

「ただ一緒に飲んでいるだけですよ（笑）。でも話す相手の年齢を気にしたことってないんですよね」と慎一さん。その言葉どおり、慎一さんは誰の話でも真剣に聞いて、自分の意見も熱く語る。聞き上手であり、話し上手でもある。

「20代から70歳や80歳まで飲みながら話しますよ。話しながらアイデアが広がっていくので、自分のためにもなっています！」

すし処 慎一→P.29
島めし家 北斗(姉妹店)→P.95

タイプ別、おすすめルートをご紹介

# 対馬の巡り方
## Recommended Routes

南北約82kmの大きな島に、さまざまな見どころが点在している。

主要な歴史スポットを巡るもよし、絶景スポットで感動するもよし、

旅のスタイルによって異なるベストルートを提案します。

## 時空を超え未来へと続く文化遺産

# 国境の島の歴史を巡る

**1泊2日**

国防の最前線として、外国と交流をもちながら脅威にもさらされてきた対馬。
島内には城跡や砲台跡などが点在し、対馬が歩んできた歴史に触れられる。

---

### 1日目

**中部に点在する王道の観光スポットへ**
総距離 約76.5km

① 10:45 朱色が映える万関橋
② 11:30 ランチはアナゴ料理
③ 12:45 神秘の和多都美神社
④ 13:30 美しい浅茅湾を一望
⑤ 15:00 姫神山砲台跡を見学
⑥ 16:30 対馬藩のお船江跡へ
⑦ 18:30 厳原の居酒屋で夕食

アナゴは
てんぷらも絶品!

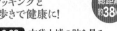

アカハタは
煮付けで♪

### 2日目

**トレッキングと町歩きで健康に!**
総距離 約38km

⑧ 8:30 古代山城の跡を見る
⑨ 11:30 島に伝わる対州そば
⑩ 12:45 町歩きの情報ゲット
⑪ 13:30 八幡宮神社にお参り
⑫ 14:30 宗氏の菩提寺万松院
⑬ 15:30 見応えある博物館
⑭ 16:30 朝鮮通信使を学ぶ
⑮ 17:30 おみやげチェック

郷土料理、
ろくべえ

城山を囲む石塁は総延長が約2.2kmある

---

### 1日目　10:45　車で約30分 → 11:30　車で約6分 →

#### 1 朱色の万関橋から青に輝く運河を望む

1900年、日本海軍は水雷艇を対馬海峡に出撃させるため万関瀬戸を開削。その際、上下島を結ぶ「万関橋」が架けられた。→ P.86

現在の橋は1996年に架けられた3代目

#### 2 対馬の海鮮といえば脂がのったマアナゴ!

豊玉の「あなご亭」は金〜日曜のランチのみ営業の人気店。専属契約のアナゴ漁師が捕った上質なアナゴを味わえる。→ P.28

人気が高く売り切れ必至なので予約を

---

### → 16:30　車で約5分 → 18:30

#### 6 潮の干満を利用した対馬藩お船江跡

江戸時代、対馬藩が御用船を係留した船着場。堤の石積みは当時のままで、5隻の船を格納できた。県指定記念物。→ P.76

正門や倉庫などの遺構も残る貴重な史跡

#### 7 厳原の居酒屋で島の魚介を堪能

川端通りにある「めしや」は、島の常連客に愛される居酒屋。対馬近海の魚を中心に郷土料理を味わえる。→ P.79

宿から徒歩で!

仕入れにより旬の魚介が食べられる

---

### → 13:30　徒歩約13分 → 14:30　徒歩約7分 →

#### 11 長い歴史をもつ八幡宮神社に参拝

対馬藩主からもあがめられた由緒正しい神社。厳原の中心にありながら、緑鮮やかな社叢が印象的。→ P.65

町を散策♪

平神社や天神神社などの境内社も

#### 12 巨木に守られた宗氏の菩提寺、万松院

1615年に宗氏20代の要請によって建てられた、宗氏の菩提寺。132段の石段、百雁木を上ると宗氏一族の墓所がある。→ P.77

苔むした石段は神秘的な雰囲気を漂わす

比田勝港

厳原港

## プランニングのコツ
### 島内でおすすめの移動手段は？

対馬は大きな島なので、レンタカーで回るのが一般的。運転できない場合は、タクシーのチャーターが便利だ。厳原中心部はレンタサイクルを利用してもいいだろう。バスは本数が少ないため観光には不向き。

---

**12:45** 　車で約5分 🚗 → **13:30** 　車で約40分 🚗 → **15:00** 　車で約30分 🚗 →

### 3 海に神秘の鳥居が立つ 和多都美神社に参拝
彦火火出見尊と豊玉姫命を祀った海宮。拝殿の前から海に向かって5本の鳥居が立ち、そのうち2本は海中からそびえる。→ P.64

干潮になると海中の鳥居まで歩ける

### 4 浅茅湾を一望する 烏帽子岳展望所へ
入り組んだ海岸と無数の島からなる浅茅湾を望む、烏帽子岳の展望台。かつて防人が見たであろう景色は今も美しい。→ P.86

東に対馬海峡、西に朝鮮海峡が広がる

### 5 ノスタルジックな 姫神山砲台跡を見学
国防の最前線だった対馬には30以上の砲台跡がある。「姫神山砲台跡」は、日露戦争前に三浦湾からの侵攻に備え築かれた。→ P.61

弾薬庫は古代遺跡を思わせるたたずまい

---

**2日目** **8:30** 　車で約18分 🚗 → **11:30** 　車で約16分 🚗 → **12:45** 　徒歩約7分 🚶 →

### 8 金田城跡が眠る 城山トレッキング
浅茅湾に突き出した城山では667年に築かれた金田城の遺構が見られる。唐・新羅の侵攻に備えた石塁は圧巻の規模。→ P.44

登山口から50分ほどで山頂に到着

### 9 ランチの定番 対州そばを味わう
大陸から伝わり、品種改良されず原種に近いまま残った対州そば。メニューも豊富な「そば道場 美津島店」へ。→ P.88

香りのよい十割そばでいただく

### 10 観光情報館で 町歩きの資料をゲット
厳原中心部にある「観光情報館 ふれあい処つしま」には、歴史や文化に詳しいパンフレットが豊富。地図ももらえる。→ P.126

ショップや食事処も併設されている

---

**15:30** 　徒歩約4分 🚶 → **16:30** 　車で約16分 🚗 → **17:30**

### 13 対馬博物館の展示で 歴史や文化を学ぶ
2022年4月オープン。平常展は総合展示を導入に、古代・中世・近世・近現代の歴史と文化を知ることができる。→ P.77

豊富な史料がわかりやすく展示されている

### 14 江戸の国際交流を知る 対馬朝鮮通信使歴史館
江戸時代を中心に、朝鮮国から日本に派遣された使節団、朝鮮通信使について深く学べる施設。華やかな行列が印象的。→ P.77

実物・複製資料や模型、映像などを駆使

### 15 島の食材やお菓子は スーパーで調達！
空港から車で約2分の「サイキバリュー美津島店」は、対馬の食材やお菓子などが充実。お酒も揃っている。→ P.89

アナゴの開きやアジの干物などが人気

対馬の自然美に癒やされる

# 王道の絶景ドライブ

2泊3日

豊かな自然に恵まれた対馬全域を舞台に、美景巡りのドライブ。
海と森が織りなすダイナミックな風景が心を潤す。

## 1日目　対馬ならではの雄大な景観　総距離約105km

- ① 11:15　海宮、和多都美神社
- ② 12:00　絶景の烏帽子岳展望所
- ③ 13:00　海を眺めながら昼食
- ④ 15:00　千俵蒔山の爽快ビュー
- ⑤ 16:00　釜山を望む韓国展望所
- ⑥ 18:00　アナゴ漁師の店で夕食

アナゴの刺身は必食！

## 2日目　上対馬＆上県の美景を巡る　総距離約115km

- ⑦ 9:30　殿崎公園で歴史を知る
- ⑧ 10:00　対馬きっての美ビーチ
- ⑨ 12:00　対馬名物、対州そば
- ⑩ 13:30　奇岩！女連の立岩
- ⑪ 15:30　キュートな赤島大橋
- ⑫ 18:00　実力派の和食店で夕食

ゴボウ天も人気です♪

## 3日目　厳原南部の個性派スポット　総距離約60km

- ⑬ 9:30　花崗岩がまぶしい川へ
- ⑭ 10:30　厳かな神社に参拝
- ⑮ 11:30　海と空に溶ける豆酘崎

いたるところで見かける筒形の蜂洞

---

### 1日目　11:15　車で約5分 → 12:00　車で約20分 →

#### 1　和多都美神社へ対馬来島のごあいさつ

海中に鳥居が立つ海宮「和多都美神社」に参拝。恋愛成就にご利益がある井戸や三柱鳥居に囲まれた亀甲石などが点在。→ P.64

原生林が残る境内は厳かな雰囲気

#### 2　烏帽子岳展望所から美しい浅茅湾を望む

浅茅湾の北にある展望台は、周囲を360度見渡せる対馬を代表する絶景スポット。海と空の青に、鮮やかな緑が映える。→ P.86

階段を上って標高176mの烏帽子岳へ

---

### → 18:00　　　　2日目　9:30　車で約2分 →

#### 6　アナゴ漁師の店で絶品アナゴ三昧

名物のアナゴなど対馬の魚介が食べられる「すし処 慎一」で夕食。アナゴは刺身から寿司、フライまで揃う。→ P.29

長男が捕ったアナゴを次男が調理する

#### 7　日本海海戦記念碑が立つ殿崎公園

西泊の「殿崎公園」は日露友好の丘とも呼ばれ、対馬沖で起きた日本海海戦の戦没者慰霊のため、記念碑や慰霊碑が立つ。→ P.92

巨大なレリーフ、平和と友好の碑が立つ

---

### → 15:30　車で約20分 → 18:00

#### 11　真っ青な水路に架かる赤島大橋を渡る

対馬の橋では万関橋が有名だが、美景でいうと沖ノ島と赤島を結ぶ「赤島大橋」がおすすめ。透明度抜群の海は必見！→ P.86

赤島大橋を渡ると対馬東端の赤島

#### 12　対馬の魚介を味わう実力派の和食店

厳原中心部にある「旬彩 和らく」では、対馬近海の魚介をはじめとした島の味覚を楽しめる。→ P.78

宿から徒歩で

対馬で養殖したマグロの刺身がうまい！

比田勝港

厳原港

## プランニングのコツ

### 車の移動は時間に余裕をもって！

対馬は広いうえに、道路が入り組んでいる。トンネルやカーブも多いので、移動には思ったより時間がかかる。予定を立てる際には、移動時間を少し長めに取っておこう。

---

**13:00** 　車で約55分 🚗 ➡　**15:00** 　車で約40分 🚗 ➡　**16:00** 　車で約15分 🚗 ➡

### 3 海を眺めながら 新鮮魚介のランチ

ランチは穏やかな大漁（おろしか）湾沿いに立つ「海小屋 吉栄」へ。海鮮たっぷりのピザやちゃんぽんが名物。　→ P.88

定番のアナゴ丼や手軽なピザを味わって

### 4 白い風車が回る 千俵蒔山の山頂へ

標高287mのなだらかな山は、山地が多い対馬には珍しい草原地帯。山頂からは周囲の景色を見渡せる。→ P.93

雰囲気抜群！

山頂まで道があり、車で上れる

### 5 天候がいい日は 釜山の町並みが！

韓国まで49.5kmの鰐浦に立つ「韓国展望所」。その名のとおり、空気が澄んでいると海の向こうに韓国が見える。→ P.92

韓国の伝統様式で建てられた展望台

---

**10:00** 　車で約20分 🚗 ➡　**12:00** 　車で約38分 🚗 ➡　**13:30** 　車で約50分 🚗 ➡

### 8 対馬随一の海水浴場 三宇田浜でのんびり

「日本の渚100選」に認定された「三宇田浜海水浴場」は、対馬を代表するビーチ。白い砂浜と遠浅の海が美しい。→ P.53

高台から入江になった三宇田浜を一望

### 9 手軽なランチに最適！ 名物、対州そば

ドライブ途中のランチに重宝する「そば道場あがたの里」。のど越しのよい対州そばは、甘めのだしによく合う。→ P.96

鶏肉と野菜を煮込んだ、いりやきそば

### 10 海岸にそびえる 屏風のような奇岩

「女連（うなつら）の立岩」は、海底に堆積した泥岩が圧力を受けて変形したもの。まるで屏風のような見事な姿！→ P.92

対馬の地層がよくわかるスポット

---

**3日目** **9:30** 　車で約13分 🚗 ➡　**10:30** 　車で約18分 🚗 ➡　**11:30**

### 13 花崗岩が露出した 不思議な景観

龍良山の西に位置する「鮎もどし自然公園」。対馬では珍しい白い花崗岩の中を瀬川が流れ、夏は家族連れでにぎわう。→ P.76

川にはつり橋が架かり散策にぴったり

### 14 厳かな空気に満ちた 天道信仰の本拠地

うっそうとした原生林の中に、ひっそりと立つ「多久頭魂（たくずだま）神社」。境内に明神大社の高御魂神社がある。→ P.65

神門をくぐって山道を進むと本社が見える

### 15 南端の豆酘崎で 雄大な海に感激

対馬海峡と朝鮮海峡を分けるように突き出した豆酘崎（つつざき）。遊歩道で先端まで行ける。→ P.75

昼食を取って空港へ

水平線まで視界を遮るものはナシ！

自然を舞台にとことん遊ぶ

# 全力！アクティブ

**2泊3日**

広大な海に囲まれ島の89％を山地に覆われた対馬は、豊かな自然が魅力。
そんなダイナミックな自然のパワーを肌で感じられる遊びが人気を集めている。

## 1日目

### 穏やかな浅茅湾
### シーカヤック

総距離
約28.5km

- ❶ 11:00 白砂のビーチを散策
- ❷ 11:30 魚料理の名店で昼食
- ❸ 13:00 シーカヤック体験
- ❹ 17:00 漁火公園で足湯
- ❺ 18:30 島の郷土料理を満喫

初心者歓迎！

## 2日目

### 対馬のシンボル
### 白嶽トレッキング

総距離
約110km

- ❻ 9:00 霊峰、白嶽に登る
- ❼ 12:00 焼肉でジビエを堪能
- ❽ 13:15 対州馬の乗馬体験
- ❾ 15:15 島の生物について知る
- ❿ 16:00 海を見渡す展望台へ
- ⓫ 18:00 旬の魚介を寿司で！

鳥居をくぐって
聖地へ

## 3日目

### 船に乗って
### 浅茅湾を観光

総距離
約100km

- ⓬ 9:00 海と森を望む展望所
- ⓭ 11:00 爽快！クルージング
- ⓮ 13:30 うどん＆魚介ランチ
- ⓯ 15:00 戦跡もある上見坂公園

新鮮な魚は
最高〜♪

---

**1日目** 11:00 車で約2分 → 11:30 車で約15分

### 1 美津島町の海岸沿いを
### ぶらぶら散歩♪

空港から車で約2分の「美津島町海水浴場」。勝見ノ浦浜と太田浜が遊歩道で結ばれており散策にぴったり。→ P.53

ふたつを合わせ美津島町海水浴場と呼ぶ

### 2 水産会社が経営する
### 評判の食事処へ

養殖や加工など、対馬の魚介を扱う丸徳水産が経営する「肴や えん」でランチ。刺身や天ぷらなどで新鮮魚介を堪能。→ P.28

ボリュームたっぷりの肴や定食が人気

---

**2日目** 9:00 車で約17分 → 12:00 車で約12分

### 6 対馬のシンボル
### 白嶽の山頂を目指す

古くから崇拝された霊峰、白嶽に登る。原生林の中を歩き山頂へ。雄岳の上に立つと、周辺の山々や浅茅湾を一望できる。→ P.42

山頂付近は急斜面なので装備は万全に

### 7 イノシシやシカ肉を
### 焼肉で味わう

害獣として駆除されるイノシシやシカの肉を、焼肉で食べられる「猪鹿鳥」。脂がのったジビエを存分に味わえる。→ P.88

木の実で育ったイノシシやシカは上品な味

---

→ 18:00

### 11 玄界灘で揚がった
### 旬の魚介を寿司で！

1948年創業の老舗「みなと寿し」はネタの鮮度がよく、見た目も美しい寿司が評判。魅力的な一品料理も豊富。→ P.95

盛りつけの美しさにもファンが多い

---

**3日目** 9:00 車で約1時間40分

### 12 眼前に海、背後に山
### 対馬らしい風景を

西泊の「権現山森林公園展望所」は、広場にベンチや東屋が配された居心地のいい空間。眼下に真っ青な海が広がる。→ P.93

深い入江に港や集落が広がる

比田勝港

厳原港

## プランニングのコツ

### 北部？南部？どこに泊まる？

対馬の宿泊施設は、南は厳原中心部、北は比田勝港周辺に多い。対馬全島を観光するなら、1泊ずつすると効率がいい。また白嶽や城山トレッキング、浅茅湾観光がメインなら美津島の宿泊施設も便利だ。

---

**13:00** ── 車で約25分 🚗 ➡ **17:00** ── 車で約5分 🚗 ➡ **18:30**

### 3 シーカヤックで浅茅湾を探検！

リアス海岸や無人島からなる浅茅湾のシーカヤックツアーに参加。湾内は波が穏やかなので初心者でも安心だ。→ P.54

海面を滑るように進む爽快な体験

### 4 漁火公園の足湯でのんびりくつろぐ

海に向かって草原が広がる眺めのいい公園。4～11月は足湯につかりながらのんびり過ごせる。夜は漁火がきれい。→ P.75

水平線を見渡せる絶景スポット

### 5 島の人にも愛される地魚料理の老舗

地魚を使ったいりやきや石焼きなど郷土料理が充実した「味処 千両」で夕食。実は中国料理やイタリア料理も好評！→ P.29

定食や丼、握り寿司など食事も充実

---

**13:15** ── 車で約1時間10分 🚗 ➡ **15:15** ── 車で約15分 🚗 ➡ **16:00** ── 車で約35分 🚗 ➡

### 8 貴重な対州馬の引き馬体験

「あそうベイパーク」の「ふれあい牧場」では、日本在来種の対州馬を飼育しており、餌やりや引き馬で触れ合える。→ P.52

小柄で温和な対州馬だが力は強い

### 9 ツシマヤマネコに会いに行く！

「対馬野生生物保護センター」は、対馬の野生生物の生態や現状について学べる施設。ジオラマや資料などを展示。→ P.94

施設で暮らすツシマヤマネコも観察できる

### 10 海上の展望台から朝鮮海峡を見渡す

海に突き出すように建てられた「異国の見える丘展望所」。天候がいいと韓国釜山市の町並みが見える。→ P.92

夜は漁火も♪

春は周辺にアジサイが咲き華やか

---

**11:00** ── 車で約12分 🚗 ➡ **13:30** ── 車で約20分 🚗 ➡ **15:00**

### 13 リアス海岸の浅茅湾を優雅に船で周遊♪

森を抜けて国道を南下。長板浦港で乗船し、浅茅湾のクルージングへ。金田城跡の石塁やマグロの養殖場などが見られる。→ P.57

入り組んだ浅茅湾を巡る約90分のツアー

### 14 モチモチうどん＆新鮮魚介のランチ

小麦が香るうどんのほか、海鮮丼や刺身、煮魚など魚介もおいしい「うどん茶屋」。牛丼やカツ丼などメニュー豊富。→ P.80

観光客に人気の海鮮丼セット

### 15 上見坂公園から浅茅湾や白嶽を望む

周辺の山々や浅茅湾を見渡す、標高358mの展望台。林の中の遊歩道を進むと、日露戦争に備えた砲台跡が見られる。→ P.75

空気が澄んだ日は九州本土や韓国も！

Shimabito

国境の島で生きていくというのは
どういうことなんだろう、
それを伝えたい、語りたい……

旅先に
対馬を選んで
いただき感謝！

### 観光ガイド
#### 藤井 敦子 さん
ふじい あつこ

お客さんから学ぶことは多い、間違いを指摘
してくれるのがありがたい、と藤井さん

## 対馬を知れば知るほど
## 知識のなさに気づく

「歴史には、表があれば裏もある〜」

観光バスの中に響く声の主は "敦姫" こと藤井敦子さん。対馬の観光ガイドとして活躍する藤井さんのガイドは、広い知識と熱い語りが評判。旅行会社からの指名が途切れず、多忙を極める売れっ子ガイドだ。

「難しいことをわかりやすく語ることが大切」と考えた藤井さん。対馬の歴史をかみ砕きドラマチックに語る「あっちゃん劇場」は、観光客の心をわしづかみにする対馬名物だ。

藤井さんがガイドの世界に入ったのは10年ほど前。50歳を過ぎてからのこと。もともとガイドになる気はなかったが、知人に誘われて「対馬のことを勉強してみよう」という軽い気持ちだったそう。

「そこで対馬の話をいろいろと聞か

せてもらったのですが、対馬に住んでいるのに、こんなにも対馬のことを知らなかったのか……と愕然としました」

歴史のなかで対馬が果たした役割を知り「もっと知りたい！」と思った藤井さんは、真剣に対馬の勉強を始めた。

「最初のガイドは2時間の町歩き。とにかく緊張しました」と懐かしそうに話す藤井さん。先輩にサポートをしてもらいながら、レンタカーの同乗ガイドや山ガイドも務めるようになる。

「知識が増えるにつれ、ますます対馬のすごさが見えてきたんです。国境の島で生きていくというのはどういうことなんだろうと考えるようになり、これを伝えたい、語りたいという気持ちが高まっていきました」

## 一期一会の精神で
## 常に全力でガイドする

天性のバスガイドと言いたくなる藤井さんだが、子供の頃は恥ずかしがり屋で人前に出るタイプではなかった。

「今とは全然違いましたよ（笑）。でも10年近く働いていた対馬市役所では成人式などイベントの司会を任されていて、その頃に大勢の前で話す度胸がついたのかも」と笑う藤井さん。裏千家の茶道の先生でもあり、40年以上続けている茶道から学んだ一期一会の精神もガイド業に生きているという。

また藤井さんを支えているのが、対馬の勉強を続けるなかで出会った先輩ガイドさんの存在。

「対馬の魅力や重要性を皆さんに伝えたいと思いながら、知識が全然足りないと焦っていた頃、ガイドの会の先輩が勉強してきたことを惜しげもなく教えてくれたのはありがたかった。ご自身でまとめたテキストもくださって、今でもそれが教本になっています」と話す藤井さんは、体力と精神力が続く限りはガイドをやるつもりだという。

「これからは新しいガイドさんを育てることも考えないといけませんね。先輩からもらったものを、今度は私が返す番。対馬にガイドを増やして、たくさんのお客さんをお迎えしたいです」

※対馬観光物産協会で観光ガイドを紹介してくれる。 対馬観光物産協会 ☎(0920)52-1566 町歩き1時間30分／1人1500円（3人から催行）、6人以上1万円※藤井敦子さんのガイド料金
URL www.tsushima-net.org/experience/atsuhime

さて、島に来て何をしましょうか？

# 対馬の遊び方
How to Enjoy

自然を舞台にしたアクティビティや体験プログラムが充実。

原始林の中を歩いたり、穏やかな湾でシーカヤックを楽しんだり、

山城跡や砲台跡などの歴史スポットを訪ねたり……魅力は尽きない。

360°の
大パノラマ！

## 白く輝く双耳峰を目指し、山岳崇拝の聖地を登る

# 絶景！白嶽トレッキング

山頂に登れるのは雄岳だけ。雌岳は聖域なので足を踏み入れないように

原生林の中から岩峰が突き出す白嶽は、海からもその姿を拝める対馬のシンボル。
山頂の雄岳からは、入り組んだ浅茅湾や周辺の山々、天候がいいと韓国の山影を見渡せる。

### うっそうと茂る原始林と浅茅湾を望む爽快ビュー

　古くから霊峰として崇敬されてきた白嶽は、九州百名山に数えられる対馬随一の名山。山頂には石英斑岩のふたつの巨岩が並び立ち、陽光を浴びて白く輝く姿が神々しい。登山口からしばらくは緩やかな山道が続くが、白嶽神社鳥居をくぐると徐々に傾斜がきつくなる。鳥居より上は聖地として守られていたため照葉樹の原始林が残り、山の雰囲気もそれまでと違うように感じられる。登山道には小さな祠があったり、修験道の行者が休んだと伝わる巨岩があったりと厳かな雰囲気に包まれている。大陸系と日本系の植物が混生する特異な植生をもち、四季折々の花を見ながら登山を楽しめるのもうれしい。

　山頂付近はかなり急な傾斜になっており、ロープをつかんで崖を登ると、気分はすっかり探検家。標高は518mしかない低山だが、海抜50メートルから登るため山頂にたどりついたときの達成感はひとしおだ。雄岳の上に立つと、目の前に雌岳が鎮座し、その向こうに浅茅湾が広がる唯一無二の絶景に出会える。

山頂付近以外はそれほどきつい傾斜はなく、ゆっくり登れば初心者でも楽しめる

**MAP** P.85A4　✈ 対馬空港から車で約20分（白嶽登山口）
☎ 対馬観光物産協会☎（0920）52-1566

### もっと知りたい！
## トレッキングに必要なアイテムは？

　長袖、長ズボンに帽子とトレッキングシューズが基本スタイル。防寒具や雨具、着替えも用意しておこう。飲料水は500mℓ以上、特に夏は1ℓ以上欲しい。YAMAPという登山用アプリをスマートフォンにインストールしておくと、登山ルートや現在地を確認できて便利。

歩いたルートや距離、平均ペースなども記録されるYAMAPは登山の必需品

**voice** 白嶽登山口の2.5km 手前にある白嶽登山者用駐車場のトイレを利用するといい。大型バスはこの駐車場までしか入れないので、小型車に乗り換えて登山口へアクセスする。

遊び方

## スケジュール

| 所要時間 | 走行距離 | 体力レベル |
|---|---|---|
| 約3時間(往復) | 約4.4km(往復) | 👤👤👤 |

### 9:00 白嶽登山口に車を停め出発

トイレがある白嶽登山者用駐車場から白嶽登山口までは、約2.5kmの林道が続く。白嶽登山口には車が5台ほど停められるので、スペースを考えて駐車しよう。

白嶽登山口からしばらくは傾斜が緩やかで歩きやすい

徒歩35分

重いぜ〜

山岳信仰の聖地だった白嶽では行者が修行に励んでいた

徒歩25分

### 9:35 巨岩がたたずむ 行者の岩屋

山道をふさぐ巨岩は、白嶽に籠っていた修験道の行者が雨風をしのいだと伝わる岩屋。絶妙なバランスで鎮座する岩の下をくぐって進む。

### 10:00 白嶽神社鳥居からは急勾配に！

1時間ほど歩くと石造りの白嶽神社鳥居が現れる。鳥居より先は聖域として守られてきた原生林で、樹木も椎の木や樫の木といった照葉樹になるのが特徴。斜面もきつくなる。

徒歩30分

もうひとふんばり

山道の脇には小さな祠や鳥居が奉納されている

### 10:30 山頂から360°の絶景を堪能

山頂までの100mはロープを使わないと登れないような急斜面。しかしがんばって登り切った山頂には、息をのむような景色が待っている。約89%が山地ということがよくわかる雄大な自然美に圧倒される。

徒歩5分

### 10:45 鳥居に守られた 聖域にお参り

雄岳からの景色を心ゆくまで堪能したら、雌岳の麓にある白嶽神社の鳥居へ。岩の間に開いた割れ目が聖域になっており、古くから崇拝されていた。今でも宮司しか入れない。

対馬の人々がことあるごとに祈りをささげてきた聖地

急斜面は三点確保で体を安定させながらよじ登る

徒歩5分

### 10:55 下山前に岩のテラスで休憩

登山道から少し外れ、細い道を数十m進むと、景色が開けた岩のテラスに着く。平らな岩盤は座って休憩するのにぴったり。昼食を挟むなら、ここで食べるといい。

ヤッホー♪

岩のテラス
白嶽山頂　山頂前広場
祠
白嶽神社鳥居　白嶽神社鳥居　白嶽登山口
行者の岩屋　START/GOAL
白嶽登山者用駐車場
N
<イメージ図>

岩のテラスの前には、山頂とはまた違った景色が広がる

体力レベル 👤 初心者から参加OK ／ 体力レベル 👤👤 普段からよく歩く人向き ／ 体力レベル 👤👤👤 登山経験のある健脚者限定

シーカヤックが見られることも！

## 1350年以上前に築かれた石塁の圧倒的な存在感

# 城山（金田城跡）に眠る古代山城探検

667年、唐と新羅の侵攻に備えて標高276mの城山に建てられた金田城。
岩を積み上げた城壁が、国防の最前線にあった対馬の緊張感を伝えている。

樹木に覆われ神秘的な雰囲気を漂わす南西部石塁

### 国の特別史跡になった
### 古代と近代の要塞跡へ

対馬中部の浅茅湾南端に突き出した城山は、石英斑岩でできた巨大な岩山。その険しい地形を利用して、667年に造られたのが金田城だ。岩山に築かれた石塁は、天然の断崖と合わせると2.6kmにも及ぶ。当時は東国から招集された防人が配置され、唐と新羅の侵攻に備えていた。

城山は登山道が整備され、子供でも歩きやすい。途中で見られる石塁跡が在りし日の山城を彷彿させる。頂上付近には砲台跡があるが、これは旧日本陸軍が建設したもの。ここでも国防の最前線にあった対馬の重要度が伝わってくる。1350年以上前の古代山城と、100年前の近代要塞がともに築かれた城山は、国の特別史跡に指定されている。山頂まで登ると、目の前には浅茅湾の美景が広がり、登山の疲れをしばし忘れさせてくれる。山頂からは来た道を戻ることもできるが、東側の登山道まで足を延ばすと城門の役割を果たした城戸跡や神社などが見られる。東側は傾斜が急な場所もあるので、体力を考えてルートを選びたい。

馬車が通れるように旧日本軍が整備した軍道を歩く

もっと知りたい！
### ダイナミックな城戸を
### 見学するルートも

右ページで紹介している山頂往復ルートのほかに、山頂から東屋まで下り、そこから防人住居跡（ビングシ山）や3つの城戸、大吉戸神社を回り東南角石塁まで歩くルートもある。また山頂から東側の階段を下りて、一ノ城戸へ向かうルートもあるが、急傾斜が続くので体力に自信がある人以外は避けたほうが無難。

城壁には3ヵ所の城戸が設けられ、そこから出入りしていた

MAP P.85A3　　対馬空港から車で約20分（城山登山口）　　対馬観光物産協会☎(0920)52-1566

voice　城山の山頂往復コースは登山道が整備されているため初心者でも歩けるが、山頂から一ノ城戸→二ノ城戸→防人住居跡→三ノ城戸→東南角石塁を巡るコースは、傾斜がきつく迷いやすいので経験者向き。約3時間をみておくといい。

遊び方

## スケジュール

城山 276

| 所要時間 | 走行距離 | 体力レベル |
|---|---|---|
| 約2時間（往復） | 約5.2km（往復） | 🚶🚶🚶 |

### 9:00 城山登山口に車を停め出発

城山登山口の駐車スペースは3台分。スペースが空いていない場合は、3分ほど歩くと開けた場所があるので、そこに停める。登山口からしばらくはなだらかな道が続く。

舗装されて歩きやすい

登山口には金田城の説明と地図が書かれた看板が立っている

徒歩7分

対馬らしいリアス海岸を眺めながら爽快なウォーキング

### 9:07 眼下に美しい黒瀬湾を望む

森の中を歩くと急に視界が開け、目の前には海岸線が入り組んだ黒瀬湾が広がる。緑と青のコントラストが美しい入江は、波がないためヒオウギ貝の養殖にぴったり。

徒歩8分

### 9:20 山城を守った東南角石塁

険しい岩山に石塁を築くことでさらに堅固な山城となった金田城。東南角石塁では、見事な石積みを見ることができる。近くには守備にあたった防人の詰所跡も残っている。

土器も発掘された！

入り組んだ湾も山城を敵の侵入から守った要素のひとつ

徒歩10分

### 9:35 分岐点に立つ東屋でひと休み

休憩にぴったりな場所にある東屋。テーブルと椅子が置かれているので、ここで軽食を取るのもいい。東屋から防人住居跡や城戸方面へと向かうルート取りも可能。

東屋から山頂までは、少し傾斜がきつくなる

### 10:15 旧日本国軍の砲台跡を見学

金田城から防人の姿が消え1200年以上がたった1901年、ロシアの南下に備えて城山砲台が築かれた。山頂付近では砲台跡や弾薬庫跡などが見られる。

中にも入れる！

城山砲台が置かれた3年後の1904年に日露戦争が勃発した

徒歩35分

### 10:25 山頂から浅茅湾を一望！

砲台跡から5分ほど急斜面を登ると、見通しのよい山頂に到着。真っ青な海に緑に覆われた岬や島が入り組む絶景が広がる。1350年以上前、防人たちが同じ景色を見ていたかと思うと感慨深いものがある。

徒歩5分

晴れた日を狙って登頂！

山頂に立つと、目の前には深く切れ込んだ入江と島からなる浅茅湾が広がる

城山砲台跡
大吉戸神社
東屋
一ノ城戸
二ノ城戸
城山山頂
防人住居跡
ビング山
南西部石塁
三ノ城戸　黒瀬湾
金田城跡
東南角石塁
黒瀬湾の展望ポイント
N
城山登山口 P
START/GOAL
＜イメージ図＞

金田城には3つの城戸（城門）があり、最も大きいのが三ノ城戸。残された石垣は6.7mまで石が積まれている。標高も最も高い32mになる。三ノ城戸の北側山中に城の中心があったといわれている。

45

巨大なスダジイの存在感!

廃生植物ギンリョウソウ

## スケジュール

| 所要時間 | 走行距離 | 体力レベル |
|---|---|---|
| 約3時間(往復) | 約5.6km(往復) | |

生命感あふれる
国内最大級の照葉樹自然林

# 龍良山、神秘の森を歩く
たてらさん

天道信仰の聖地として守られてきたため広大な原始林が残る龍良山。スダジイやイスノキなどの巨木に圧倒される。

## 樹齢200年以上の巨木が迎える太古の森

木槲山の分岐点から傾斜のきつい岩場になるので、足元を確認しながら進む

対馬南部にある龍良山には、自然度の高い照葉樹林が約90万㎡にわたって広がっている。これは龍良山が対馬独自の天道信仰の神体山としてあがめられる存在だったため。伐採や開発を免れた国内最大級の照葉樹自然林は、国の天然記念物に指定されている。平均樹齢200年という森には、スダジイやイスノキなどの巨木が林立。大きな板根や絡みつく蔓性の植物、落ち葉の間に咲く可憐な花などを観察しながら登山を楽しめる。

標高558.5mの龍良山は、山頂付近の岩場を除けば傾斜が少なく歩きやすい。ただし登山道がわかりにくく、特に下山時は迷いやすいので登山用アプリのYAMAP(→ P.42)を用意しておこう。

### もっと知りたい!

**初めての登山もガイドと一緒なら安心**

初めて山に登るなら、ガイドをお願いするのがおすすめ。迷わない安心感はもちろん、歴史や生態系の話も聞けるのでより楽しめる。対馬観光物産協会(問い合わせは下記)でガイドを紹介してくれる。

**MAP** P.74B2　✖ 対馬空港から車で約40分(龍良山麓自然公園センター)
📞 対馬観光物産協会 ☎(0920)52-1566

**9:00** 鮎もどし自然公園の駐車場を出発

徒歩8分

鮎もどし自然公園には駐車場がふたつあるが、龍良山麓自然公園センター前駐車場が便利。西龍良林道を歩いて登山口へ。トイレはセンターに併設。

登山口までは600mほど

**9:08** 龍良山登山口から照葉樹林へ

徒歩37分

低部部には広葉樹林が広がり、日陰でも育つヤブツバキなどの低木が自生する。標高350m以上は雲霧帯になり、霧が発生すると迷いやすいので注意。

落ち葉でふかふかの登山道

**9:45** 龍良山、木槲山の分岐点に到着
きこくやま

徒歩35分

ヒノキの植林地を過ぎ、しばらく登ると木槲山との分岐点がある。このあたりは登山道がわかりにくいので、目印のテープやリボンを確認しながら進みたい。

ここから山の尾根を歩く

**10:20** 岩のテラスから周囲の山々を見渡す

徒歩3分

分岐点を過ぎたあたりから急こう配の岩場が続くので、手を使って登る。眺めのよい岩盤の上に立つと、正面に対馬最高峰の矢立山がそびえる絶景が!

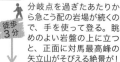
岩場は下山時の足元に注意

**10:30** 標高558.5mの山頂に到着!

岩のテラスから3分ほど進むと、低木に囲まれたスペースに山頂の標識が立っている。近くには二等三角点も。防人の時代には烽火台があったという。

チョウが飛ぶ平和な空間

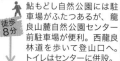

**voice** 古くから神体山とされた龍良山には、オソロシドコロと呼ばれる石積みの結界が2ヵ所ある。南麓の八丁角は天道法師の墓、北麓の裏八丁角はその母の墓といわれている。どちらも聖域なのでむやみに立ち入らないように。

# 四季折々の
## 対馬花図鑑

大陸系および日本系植物が
自生する対馬は、
固有種・固有亜種も見られる
独自の植生が魅力

### ゲンカイツツジ

ツツジ科　ツツジ属
花期：3～4月
山地から波打ち際まで、島内に幅広く分布。浅茅湾に春の訪れを告げる薄紅の群生が美しい。

### ナンザンスミレ

スミレ科　スミレ属
花期：4月
高さ10cmほどの多年草で、可憐な花は観賞用としても人気が高い。日本では対馬にだけ自生する。

*登山中に見かける！*

### キエビネ

ラン科　エビネ属
花期：4～5月
森の中で鮮やかな黄色の花を咲かせる野生のラン。盗掘、乱獲のため個体数が減っている。

*対馬市の木*

### ヒトツバタゴ

モクセイ科　ヒトツバタゴ属
花期：4～5月
ウミテラシとも呼ばれ、周囲が明るくなりそうなほど真っ白な花が咲く。上対馬の鰐浦の群生が有名。

*足元をよく見て*

### ギンリョウソウ

ツツジ科　ギンリョウソウ属
花期：4～8月
森の中に積もった落ち葉から顔をのぞかせる腐生植物。その姿からユウレイソウとも呼ばれる。

### ヤマボウシ

ミズキ科　ヤマボウシ属
花期：5～7月
古くから街路樹や庭木によく使われる観賞樹木。白い部分は、花ではなく葉が変形した総苞片。

### ネムノキ

マメ科　ネムノキ属
花期：6～8月
いたるところで花を咲かせる夏の風物詩。夕方に眠るように葉を閉じるため、この名がついた。

### ハクウンキスゲ

ススキノキ科　ワスレグサ属
花期：6～8月
日本では対馬にだけ自生する、夏を代表する花。海沿いの傾斜地など西海岸で多く見られる。

*対馬にだけ自生♪*

### オウゴンオニユリ

ユリ科　ユリ属
花期：7～8月
対馬北部の女連で見つかった、高さ1～2mになる大型のユリ。オニユリの変異種といわれている。

### ソバ

タデ科　ソバ属
花期：9～10月
小さな白い花は実はガク。初秋のソバ畑を白一色で埋め尽くす。周辺にはニホンミツバチの姿も。

### ダンギク

クマツヅラ科　ダンギク属
花期：9～10月
日当たりのよい場所を好み、岩場や崖に咲く。下から段々に花を咲かせるためこの名で呼ばれる。

*対馬にだけ自生♪*

### シマトウヒレン

キク科　トウヒレン属
花期：9～10月
山地の草原や岩場などに生える対馬の固有種。数が減っているが、白嶽などの岩場で観察できる。

### チョウセンノギク

キク科　キク属
花期：10～11月
海岸の岩場など日当たりのよい場所に生える。日本では対馬や壱岐をはじめ九州の一部で見られる。

*冬季のお楽しみ♪*

### ヤブツバキ

ツバキ科　ツバキ属
花期：11～4月
北海道を除く日本全土に分布する常緑樹。実からは椿油が採れ、対馬のみやげ物店などで買える。

### コショウノキ

ジンチョウゲ科　ジンチョウゲ属
花期：1～3月
枝先に香りのよい小さな花を数個つける。コショウとは関係なく、名称は実が辛いことに由来。

Voice

対馬固有の植物は、ここで紹介したオウゴンオニユリとシマトウヒレンのほかには、ベンケイソウ科のヒメマンネングサなど意外と少ない。国内で対馬だけに生息するものには、アレチアザミやツシマノダケ、チョウセンカラスウリなどがある。

集落と里山、自然の関わりを知る1泊2日の貴重な体験

対馬野生生物保護センターでも会えるよ！

# ツシマヤマネコに会いに行く

島の人でもめったに見られない野生のツシマヤマネコを探しに夜の田んぼへ！
ヤマネコ保護の現状や課題など、人間と自然との関わりについても学べる。

何でも
質問してください♪

## 餌場の田んぼに現れる
## ツシマヤマネコを探索

　ツシマヤマネコは、対馬にだけ生息する野生のヤマネコ。現在、100頭ほどしか生息しておらず、保護対策が取られてはいるが絶滅が危惧され国の天然記念物に指定されている。そんな希少な野生のヤマネコを見に行くツアーが人気を集めている。

　ツシマヤマネコは普段、山の中で暮らしているが、餌のネズミやカエルを探しに水田に現れる。特に稲穂が育

つ8〜9月によく見られ、ヤマネコの探索ツアーもこの時期に開催されることが多い。ツアーでは夕方から田んぼに向かい、車の中からヤマネコを探す。ハンディライトで照らすと、あぜ道や水路にヤマネコの姿が！

　暗闇の中でヤマネコの目が光り参加者はみんな大興奮。とはいえ大声を出すとヤマネコが逃げてしまうので、心の中で歓声を上げる。ガイドによると、この時期は親子が見られることも多いという。

対馬グリーン・
ブルーツーリズム協会
藤川 あもさん

## ツシマヤマネコを通し
## 対馬の自然や生活を知る

　対馬グリーン・ブルーツーリズム協会が企画・共催するこのツアーは、ツシマヤマネコを見るだけでなく、ヤマネコの生態を学んだり、保護活動の現場を見たりとツシマヤマネコがおかれた現状を知ることができるのが魅力。ツシマヤマネコの生息環境を整えることは重要だが、それを継続することの難しさも実際の例を挙げて説明してもらえる。

　ツシマヤマネコの保護と、里山保全とのつながりを知ると、対馬の自然を見る目が変わってくるはず。農家民泊で暮らすような時間を過ごせたり、ガイドさんの解説を聞きながら観光名所を巡ったり、さまざまな角度から対馬とツシマヤマネコに触れる知的好奇心を満たす内容で、帰る頃には対馬が大好きになっているはず。ツシマヤマネコの探索ツアーは不定期開催。目安として例年、8〜9月に4回ほど開催されている。

左／NPO法人ツシマヤマネコを守る会が、土地を取得しツシマヤマネコ保護区としている
右／ツシマヤマネコは車内から観察するのが基本だが、離れている場合は外で見られることも

**ツシマヤマネコニャイトツアー** 　日数 1泊2日　開催日 8〜9月に4回程度　料 2万9800円（対馬空港からの送迎、ガイド、食事4回付き／最少催行3人）※別途航空券の手配も可能。ツアー代金の一部はヤマネコ保全にあてられる　問 対馬グリーン・ブルーツーリズム協会 ☎（0920）85-1755　URL tsushima-gbt.com/tours/1766

voice

佐護ではツシマヤマネコの餌となる昆虫やカエルなどが住みやすいように減農薬で米を作り、その田んぼを「認定田」としている。
認定田で栽培した米は「佐護ツシマヤマネコ米」という名でブランド化しており、味のよさから評判は上々。

# ヤマネコナイトツアー おもなスケジュール

## 1日目

**10:40** 対馬やまねこ空港に集合し出発！

**11:00 対馬中部の名所を観光**

車で上対馬に向かいながら万関橋や和多都美神社、烏帽子岳展望所などの観光名所を巡る。ランチは絶品アナゴが人気の「あなご亭」へ。

対馬を東西に貫く万関瀬戸に架かる万関橋。真っ赤な橋は対馬の象徴

**15:10 ヤマネコのミニレクチャー**

対馬野生生物保護センターで、ツシマヤマネコの生態や保全活動について学ぶ。館内ではツシマヤマネコも見られる。

対馬の自然を知ろう！

ツシマヤマネコがどこに生息し、どんな餌を食べているかなどの基礎知識を学ぶ

**16:00 ヤマネコ保護活動の現場を見学**

ツシマヤマネコの餌場となる水田をどのように整えていくか、市民団体による里山保全の活動現場を見学する。

初めて見る食材も！

管理する人がおらず草で覆われてしまったビオトープなど失敗例も

認定田

**17:30 農家民宿で手料理ディナー**

宿泊先の農家民宿では、地元食材を使った家庭料理でもてなしてくれる。お父さん、お母さんとの会話も楽しもう。

新鮮な魚介から畑で採れたばかりの野菜まで、島の味覚を楽しもう

**18:30 車の中からヤマネコ探し**

ツシマヤマネコは夜行性なので、活発に動く夕方以降を狙って車窓から探す。観察ガイドラインに基づき、車でゆっくりと農道を移動。

暗いのでよ〜く探して

ヤマネコを驚かせないように車内から探索する。双眼鏡があると便利

**20:30 農家民宿に戻りのんびり**

## 2日目

**8:30 朝食を取って出発**

早朝の水田でツシマヤマネコが見られることも！　民宿からすぐなので朝食前に散策してみては!?

**9:15 ヤマネコ保護活動の現場を見学**

保護団体「ツシマヤマネコ応援団」の取り組み現場を見るために舟志の森へ。ヤマネコが生息する山の現状を知る。

ドングリの苗を育てネズミを増やすなど、ツシマヤマネコが暮らしやすい森を整備

**10:45 かわいいヤマネコグッズを購入**

佐須奈にあるショップ「サステナブルショップ・ミット」でおみやげ探し。Tシャツやキーホルダーなどヤマネコグッズがいっぱい！

ヤマネコがキュート♪

ツシマヤマネコはもちろん、対馬の自然をモチーフにした雑貨が揃う

**11:30 地元食材のぬくもりランチ**

ランチは廃校になった佐護小・中学校を利用した「さごんキッチン」へ。佐護食材を使った家庭料理で心があたたまる。

窓からの眺めが最高！

音楽室を改装して、テーブルを並べた食堂。居心地がいいと評判だ

**12:30 対州馬の保護施設で乗馬体験**

日本在来種の対州馬の保護・繁殖に取り組む「目保呂ダム馬事公園」で乗馬体験。スタッフが馬を引いてくれるので初心者も安心。

かつては農耕馬として活躍していた対州馬。絶滅が危惧されている

**14:10 対馬やまねこ空港に到着・解散**

**voice** 探索ツアーが開催される8〜9月は、比較的よくツシマヤマネコが見られるとされるシーズン。ただし相手は野生生物なので、必ず見られるわけではない。そんな自然環境の中でヤマネコを見つけたときの感動はひとしお！

# 野鳥の楽園 対馬でバードウォッチング

大陸と本州の中間に位置する対馬は渡り鳥の中継地。ほかの地域では見かけない珍しい鳥が飛来することから、バードウォッチャーから熱い視線を注がれている!

## ここがスゴイ! 対馬のバードウォッチング

対馬の北端から韓国まではわずか49.5km。食べ物が豊富なシベリアや中国大陸で夏の間を過ごした鳥たちは、大地が凍る冬場は東南アジアに移動する。その旅の中継地点として、対馬は絶好の休憩地。マナヅルやナベヅルをはじめ、四季折々の渡り鳥、旅鳥が対馬で羽を休め、また旅に出る。日本で見られる鳥は633種類だが、なんと383種類もの鳥が対馬で観察されており、日本本土では見かけない希少な鳥も観察されている。年間を通じてバードウォッチングは可能だが、2〜3月頃、鹿児島の出水市から繁殖地のシベリアに向かう途中に島に立ち寄るマナヅル・ナベヅルの群れは島の春の風物詩。翼を広げると2mを超える大型の鳥で優美な姿が印象的だ。秋のハイライトといえば、9月中旬から下旬に、朝鮮半島から対馬を経由し南下していくアカハラダカの渡り。ひとつの群れで1000羽を超えることもあり、その光景は圧巻だ。また、日本では極めてまれなヤマショウビンなども飛来し、バードウォッチャーたちを湧かせている。

### バードウォッチングに必要なもの

**道具**
- **双眼鏡** 倍率は8〜10倍がおすすめ
- **図鑑** イラスト付きのハンディなもの
- **フィールドノート** 見た鳥の記録に
- **カメラ** 望遠レンズがあるとなおよい

**服装**
- **長袖・長ズボン**がおすすめ
  - 日差し、虫対策に
- **帽子** 日差し対策に
- **靴** 歩きやすく汚れてもいいものを

### バードウォッチングの注意事項

- 大声を出さない、大きな音を立てない
- 自分から近づかない
- 巣を見つけても近づかない
- 餌をやらない
- フラッシュを使わない
- 私有地に入らない
- ハチやヘビに気をつける

## バードウォッチングスポット

### 上県/佐護 バードウォッチング公園

ここが観察所!

周囲の水田はツシマヤマネコの観測スポットでもある

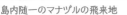

左/櫓の4階から平野を見渡せる 右/うっそうとした森の中にたたずむ観測小屋

**島内随一のマナヅルの飛来地**

島の北西部、島内最大の水田地帯の佐護平野に位置する観測スポット。島内第2の河川である佐護川に近く、餌が豊富なことから数多くの鳥が訪れる。特に2〜3月のマナヅルの飛来は有名。

- マナヅル(2月)
- ナベヅル(3月中旬)
- ヤマショウビン(3〜5月)など

**見られる鳥**

🗺 MAP P.91A2 🚌 比田勝港国際ターミナルから車で約30分 🅿 あり

### 厳原/内山 内山峠展望台

晴れた日には壱岐や九州本土まで見える

左/周囲に遮るものがなく、タカの渡りを見るにはベスト 右/駐車場も完備している

**アカハラダカの渡りの名所**

内山盆地を見下ろす舞石ノ檀山の尾根に造られた展望台。東に日本海を望み、夜は海を明るく照らす漁火が美しい。毎年9月頃にアカハラダカの渡りが見られることで有名。多い日には1日に4万羽が通過する日もある。

- アカハラダカ(9月)
- エゾビタキ(9月)
- チョウゲンボウ(冬または旅鳥)

**見られる鳥**

🗺 MAP P.74B2 🚌 観光情報館 ふれあい処つしまから車で約15分 🅿 あり

**voice** 対馬には、兵庫県豊岡市で放鳥されたコウノトリが飛来したこともある。お隣韓国では1971年にコウノトリが絶滅したが、1996年から野生復帰事業が始まり放鳥が行われている。鳥に国境はない。コウノトリが自由に行き来して、繁殖する日も来るかもしれない。

# 対馬の鳥図鑑

300種類以上もの鳥が飛来するといわれる対馬。紹介できるのはごく一部だが、思いもよらない希少な鳥に出合えるのが対馬だ。ぜひ本格的な図鑑を片手に出かけよう。

季節：9月

## 9月の秋空を彩る壮大なショー
### アカハラダカ

鳴き声 キーキィーキッキッ

朝鮮半島や中国、ロシアで繁殖し、マレーシアやインドネシアで越冬するため、毎年9月、南へ向かうアカハラダカが対馬を経由する。飛び立つときは、上昇気流を利用して一気に上空へ。その後風に乗って滑翔することで、長距離の旅のための体力を温存するのだ。多いときで4万羽が通過し、大群が群れをなして飛んでいく現象を「アカハラダカの渡り」という。

体長約30cmで、キジバトよりひとまわり小さい

見たい！

タカの渡りは晴れた日が観察チャンス

---

鳴き声 クルルルルー

### マナヅル 季節：2月頃
鹿児島県の出水平野で越冬したマナヅルがロシアや中国に帰る途中、対馬で羽を休める。体高約130cm。目の周りが赤いのが特徴。

鳴き声 キョロロロロ

### ヤマショウビン 季節：春
カワセミの仲間。瑠璃色の背中に赤いくちばし、オレンジ色のおなかが美しい。国内で見られるのは対馬のみ。平地や河川、森林に生息する。

鳴き声 クルルルルー

### ヤツガシラ 季節：春が多いが神出鬼没
大きな冠羽が特徴。体はオレンジ色で白黒の縞模様がチャーミング。長いくちばしで地面の虫を捕まえ、一度空中に放り投げてから食べる。

---

鳴き声 ケーンケーン

### コウライキジ 季節：留鳥
大陸原産で、対馬には江戸時代に持ち込まれたといわれる。国内ではほかに北海道や伊豆諸島に生息。オスは色鮮やかで美しい。

鳴き声 キッキッ

### ミサゴ 季節：留鳥
対馬の方言で「びしゃ」と呼ばれるタカの仲間。英名はオスプレイ。上空で獲物を狙いホバリングし、水中の獲物を一気に仕留める。

鳴き声 クェックェッ

### オシドリ 季節：冬（一部留鳥）
色鮮やかなオスが美しいカモの仲間。仲のよい夫婦を表す代名詞だが、実際には繁殖が終わるとあっさり別れる。長崎県の県鳥。

鳴き声 ヒーリーリー・チチン

### オオルリ 季節：夏
頭から尾羽にかけてコバルトブルーの美しいオスに対し、メスは茶色で地味。山地の木の枝先などでさえずる姿が観測されている。

---

鳴き声 ピッピキヒピッピキヒ

### キビタキ 季節：夏
腹部の黄色が美しいカラフルなオスに対してメスは地味。夏鳥として毎年飛来し、山地に生息。繁殖期のオスのさえずりが特徴的。

鳴き声 ホホヘン

### ヤイロチョウ 季節：夏
その名のとおり色鮮やかな鳥。羽には美しい青と明るいグリーン、おなかも赤色の部分がある。山地に生息するレアな鳥だ。

鳴き声 ツキヒホシ ホイホイホイ

### サンコウチョウ 季節：夏
小さな冠羽と目の周りとくちばしのコバルト色が特徴。ツキ（月）ヒ（日）ホシ（星）とさえずることから三光鳥という名前がついた。

鳴き声 チョンチョンヒピチョッチョン

### シマノジコ 季節：旅鳥
夏はロシア南東部で繁殖し、冬はインドシナ半島へ南下する。一部が旅鳥として飛来。メスの夏羽は背中が灰褐色で、腹部が淡黄色。

---

鳴き声 グワッグワッ

### オオワシ 季節：冬
翼を広げると2m以上になる大型のワシ。極東地域だけに生息する貴重な鳥で、冬鳥として飛来。日本では最大のワシとなる。

鳴き声 チチッ

### ルリビタキ 季節：冬
鮮やかな青色が美しいのはオス。メスは褐色のオリーブ色だが、若いオスはメスに似た色で徐々に鮮やかになる。山地や森林に生息。

鳴き声 クルルルルー

### ナベヅル 季節：旅鳥
鹿児島県出水で越冬し、マナヅルより遅い3月中旬以降に対馬を通過することが多い。成鳥になりつがいになると一生連れ添う。

鳴き声 チチン チチン

珍しい！

### メンガタハクセキレイ 季節：迷鳥
ハクセキレイの亜種で全長20cmほど。頭部から胸にかけて黒く、額や目の周りが白い。非常に希少で、目撃は過去10例程度。

---

かわいい馬に
会いにきて！

## 絶滅が危惧される日本在来馬のことを知る

# 対州馬、乗馬体験
糸瀬 靖希さん

丸い目がかわいい対州馬は、従順で穏やかな性格。
小柄だけど力強い対州馬の背に揺られる貴重な体験！

### 希少な対州馬と触れ合う心安らぐ時間

対州馬は対馬を中心に飼育されてきた日本在来馬の1種。体高135cm以下と小柄だが力は強く、最大で130〜150kgの荷物を運ぶことができる。対馬では長らく荷物の運搬や、田畑の耕作などの作業に活躍し、人々の暮らしには欠かせない存在だった。しかし対州馬の役割を車や機械が担うようになると激減。現在は島内に約40頭、島外に約10頭しか残っておらず絶滅が危惧されている。

上県町の「目保呂ダム馬事公園」では30頭弱の対州馬を飼育し、繁殖や調教を行っている。また、あそうベイパーク内の「ふれあい牧場」でも約10頭の対州馬を飼育。見学ができるほか、約5分の引き馬体験や餌やりなどで対州馬と触れ合える。

**もっと知りたい！**

#### かわいい馬に餌やり体験

手軽に対州馬と触れ合うなら餌やりがおすすめ。口元に手を出すと間違って噛まれることがあるので、餌を足元に投げるか、餌の入った籠を口に近づけよう。

馬の力に負けないように餌の入った籠をしっかり持って

**ふれあい牧場**
MAP P.85B3　対馬空港から車で13分　対馬市美津島町大山584-1あそうベイパーク内　(0920)54-5532　9:00〜17:00(引き馬体験10:30〜11:30、13:30〜15:30、餌やり体験10:00〜16:00)　月・木曜(閉園日の見学・餌やりは、あそうベイパーク管理室へ)　引き馬体験520円、餌やり体験100円　予約 引き馬体験は必要
URL asoubaypark.com/shisetuannai4.html

### スケジュール

| 所要時間 | 体力レベル |
|---|---|
| 約10分 | |

**10:00 靴の裏を消毒してから牧場へ**

牧場に入る前にスタッフに声をかけ、消毒槽のマットの上で数回、足踏みをする。体験をする場合は、ここでお金を払ってスタッフと一緒に中へ。

対州馬を守るために協力を

**10:01 あぶみに足をかけて乗馬**

台の上に立ち、自転車と同じように馬にまたがる。スタッフが馬を押さえていてくれるので、足に力を入れて一気に背中に乗ってしまおう。

体高が低いので乗りやすい

**10:02 手綱を引いてもらってスタート**

スタッフが綱を引き、ゆっくりと歩き始める。前を向いて背筋を伸ばすのが基本スタイル。のんびり歩くので揺れが少なく、安定しているので安心。

牧場の馬たちにごあいさつ

**10:03 木々が茂る道を馬と一緒にお散歩**

牧場から出て、坂道を上ったら同じ道を戻る約5分のコース。緑のトンネルが心地よい。坂道をものともしない、対州馬の力強さが伝わってくる。

体の力を抜いてリラックス

**10:08 乗せてくれた馬にお礼を言おう**

たった5分でも、乗せてくれた馬には愛着がわく。首元をなでて「ありがとう」と言おう。愛らしい瞳でこちらを見る馬は理解してくれているはず！

対州馬は従順で穏やか

voice 日本の在来馬には8種が認定されている。対州馬のほかに、北海道の道産子、長野県の木曽馬、宮崎県の御崎馬、愛媛県の野間馬、鹿児島県のトカラ馬、沖縄県の宮古馬と与那国馬がある。その多くが絶滅の危機に瀕している。

高台から絶景を望む！

ゆったり過ごせる癒やしスポット

# 極上ビーチセレクション

リアス海岸が延びる対馬のビーチは、波が穏やかな入江に多いので海遊びにぴったり。透明度が高く、マリンアクティビティも盛ん！

👤 トイレ　🚿 シャワー　👥 更衣室
🏪 売店　👁 監視員　🅿 駐車場

※監視員が常駐するのはおもに7月下旬～8月下旬。時間が限られているので注意

### 上対馬／西泊

## 三宇田浜海水浴場
みうだはまかいすいよくじょう

「日本の渚100選」に選ばれた対馬を代表するビーチ。天然の白砂が延び、遠浅の海ではスノーケリングも楽しめる。温泉施設やキャンプ場が隣接している。

MAP P.91C1　🚗 比田勝国際ターミナルから車で5分　👤🚿👥🏪👁🅿

### 上対馬／西泊

## 西泊海水浴場
にしどまりかいすいよくじょう

1995年にオープンした人工の砂浜。小さな入江になっており波が穏やかなので、夏は子連れのファミリーでにぎわう。

MAP P.91C1　🚗 比田勝国際ターミナルから車で5分　👤🚿🏪🅿

港からのアクセス良好

### 上対馬／琴

## 茂木浜海水浴場
もぎはまかいすいよくじょう

約400mにわたって延びる対馬最大の天然の砂浜。県の自然環境保全地域に指定されており、ウミガメが産卵に訪れることも。

MAP P.91C3　🚗 比田勝国際ターミナルから車で40分　👤🚿👥🏪👁🅿

遠浅の海で遊ぼう

### 上県／佐護

## 井口浜海水浴場
いぐちはまかいすいよくじょう

深く切れ込んだ入江にあり、風の影響を受けにくい静かなビーチ。西の千俵蒔山など緑豊かな山に囲まれている。キャンプ場を併設。

MAP P.91B2　🚗 比田勝国際ターミナルから車で26分　👤🚿🏪🅿

緑が多くのどかな雰囲気♪

ふたつのビーチが隣接

### 美津島／雞知

## 美津島町海水浴場
みつしままちかいすいよくじょう

勝見ノ浦浜と太田浜という、500mの遊歩道でつながったふたつのビーチの総称。どちらもきめ細かいサラサラの砂浜が延び、海もきれい。空港から車で3分という好アクセスも魅力。

MAP 折り込み③B2　🚗 対馬空港から車で3分　👤🚿👥🏪🅿

### 上県／佐護

## 湊浜海水浴場
みなとはまかいすいよくじょう

佐護川が流れ込む湾に面した天然の砂浜。堤防に守られた海は遠浅で穏やか。アスレチック風の複合遊具や休憩用の東屋が備わる。

MAP P.91A2　🚗 比田勝国際ターミナルから車で29分

子供向けの遊具が充実

デイキャンプにもおすすめ

### 厳原／尾浦

## 尾浦海水浴場　おうらかいすいよくじょう

厳原市街地から近く、人気の海水浴場。ビーチは小石でできているのでマリンシューズがあると便利。併設のキャンプ場には、バンガローがありテントも貸し出している。

MAP P.74C2　🚗 観光情報館 ふれあい処つしまから車で12分　👤🚿👥🏪👁🅿

### 厳原／豆酘

## 豆酘板形海水浴場　つついたんかたかいすいよくじょう

豆酘の集落から車で7分ほどの穴場ビーチ。湾になっているため波が穏やかで海水浴に最適。ウッドデッキと炊事場を備えたキャンプ場も併設している。

ビーチをひとり占め♪

MAP P.74A3　🚗 観光情報館 ふれあい処つしまから車で40分　👤🚿👥🏪🅿

### 厳原／小茂田

## 小茂田浜海水浴場　こもだはまかいすいよくじょう

防波堤に守られた静かなビーチ。東シナ海に面した開けた場所で、かつては元寇の激戦地となった。近くには奮戦した兵士を祀る小茂田濱神社がある。

韓国が見えるかも！

MAP P.74A1　🚗 観光情報館 ふれあい処つしまから車で約20分　👤🚿👥🏪🅿

VOICE　早朝、対馬の砂浜を訪れると、さまざまな漂着物が見つかる。きれいな貝殻やビーチグラス、外国語が書かれたペットボトルや釣り具、ときには大きな魚の死体や動物の骨が見られることも。それらを観察しながら散歩を楽しむのもいい。

海から古代山城を見上げ
対馬の歴史を肌で感じる！

# 浅茅湾シーカヤック半日ツアー

広大なリアス海岸に囲まれた浅茅湾はシーカヤックの好フィールド。
人の手がほとんど入っていない、太古の原風景が残る海に漕ぎ出そう！

初めてでも
大丈夫！

対馬エコツアー
原田 昭彦さん

## 浅茅湾を含めた歴史を学ぶ
## 対馬のエコミュージアム

対馬中部にある浅茅湾は、入り組んだリアス海岸が続く対馬きっての景勝地。風の影響を受けにくく波が穏やかなため、安全にシーカヤックを楽しめるフィールドとして知られている。海に漕ぎ出すと周りには人工物がまったくなく、古代のままの風景が広がる。か

向かって右手に城山、奥には水面から約40mまで立ち上がる鋸割岩（のこわきいわ）が

つて金田城が築かれた城山を見上げると、1350年前に防人たちが眺めた海にいる……という実感がわいてくる。

ツアーは半日と1日コースが用意され、参加者の興味や体力、技術などによって内容を考えてもらえる。半日コースでも3時間あるのでシーカヤックを漕ぎながら白嶽や城山を眺めたり、無人島に上陸してのんびりしたりと、たっぷり楽しめる。シーカヤックの漕ぎ方は、ガイドが教えてくれるので初心者でも問題なし。シーカヤックを漕ぎながら、対馬の自然や歴史、文化の話が聞け、ツアーが終わったあとは上質な映画を見たような心地よい余韻が続く。満足度が高いエコツアーは、リピーターが多いというのも納得だ。

もっと知りたい！

### 城山をぐるりと回る
### 歴史ロマンを感じる1日ツアー

所要6時間の1日ツアーは、城山に沿ってシーカヤックを漕ぎ、水面からそびえる鋸割岩や城山の麓に立つ大吉戸神社などを見る浅茅湾ならではの内容。ほかにも子供のペースに合わせたファミリーツアーや、トレッキングと組み合わせたツアーも開催している。

金田城を守る大吉戸神社を海から望む

**対馬エコツアー** 　**MAP** P.85A4 　**交** 対馬空港から車で15分 　**住** 対馬市美津島町箕形29
**電** (0920)54-3595 　**勝** 9:00〜18:00（半日ツアー9:00〜12:00、13:00〜16:00、1日ツアー9:30〜15:30）　**休** なし 　**料** 半日ツアー1人7500円（1〜4人で参加した場合）、1日ツアー1人1万3000円（2〜4人で参加した場合）※装備一式レンタル料、ガイド料、おやつ（1日ツアーは昼食）、保険込み 　**予約** 必要 　**駐車場** あり 　**URL** tsushima-eco.com

対馬にはシーカヤックの会社が2社ある。ここで紹介した対馬エコツアーのほかに、対馬カヤックスでも、半日、1日、サンセットツアーなどさまざまなツアーを用意し、対馬の海を案内してくれる。　URL www.tsushima-kayaks.com

## スケジュール

| 所要時間 | 体力レベル |
|---|---|
| 約3時間 | 🚶🚶🚶 |

### 9:00 ツアーが楽しくなるレクチャーを聞く

海に出る前に、シーカヤックの基礎知識と、対馬や浅茅の位置、また歴史のなかでどのような役割を果たしたのかなどを学ぶ。

対馬はどこにあるでしょう?

1350年前の浅茅湾に思いをはせる

### 9:10 準備体操＆パドルの使い方を練習

準備運動で体をほぐしたらパドリングの練習。力を入れ過ぎずバランスよく漕ぐのがポイント。ライフジャケットやウォーターシューズも貸してもらえる。

パドルは肩幅くらいの位置で持つと漕ぎやすい

### 9:20 シーカヤックに乗っていざ出発!

使用するのは下半身がカヤックの中にすっぽりと入るシットインタイプ。カヤックを水際まで持っていきお尻から乗り込む。

両足をふんばって!

スタッフが押さえてくれるので安心

### 9:30 まずはシーカヤックを漕いでみよう

左右のバランスが悪いと曲がってしまうので注意

海に出たら、真っすぐ漕いだり、左右に曲がったり、止まってみたりパドルを使って練習。2人乗りの場合は協力して漕げるので推進力が増す。

パドリングに慣れてくるとおもしろいようにすいすい進む

### 9:40 穏やかな湾内を沖に向かって進む!

岬や島に囲まれた浅茅湾は、周りに人工物がなく異世界にいるような気分。空をワシが飛んでいたり、カヤックの横をタコクラゲが泳いでいたり、豊かな自然も感じられる。

### 10:30 砂浜が延びる小さな無人島に上陸

半日ツアーでは1〜2ヵ所の無人島に上陸する。静かなビーチで贅沢なティータイム♪ 夏はスノーケリングを楽しめる。

冒険心がくすぐられる☆

明碧島
辺田島
城山→
(金田城跡)

箕形湾

START/GOAL
対馬エコツアー

浅茅湾に浮かぶ無人島、辺田島に上陸。周囲の景色は最高!

voice 日本海の入口に位置する対馬の海岸には多くのごみが漂着する。対馬エコツアーの上野芳喜さんが代表理事を務める（一社）対馬CAPPAでは、海外清掃活動や海ごみ対策の普及啓発活動を行っている。URL www.tsushima-cappa.com

「さあ、海にしゅっぱーつ！」

「一緒に海に漕ぎ出しましょう！」

美津島

SUP に乗って
深緑の海を海上散歩

# SUP体験

浮力のあるボードに立ち、
パドルを漕いで進む SUP（スタンドアップパドルボード）。
波の穏やかな浅茅湾なら、初心者でも安心！

SUP インストラクター
作元 功照さん

## スケジュール

| 所要時間 約3時間 | 体力レベル |
|---|---|

## 複雑な入江が造る絶景を行く

浅茅湾が位置するのは対馬の中部。複雑に入り組んだリアス海岸は、対馬の観光のハイライトのひとつとなっている。その風光明媚な景色を水上から楽しめるマリンアクティビティが SUP だ。安定感のあるボードに乗って、いざ海へ。初心者でもすぐに漕げるようになる。持ち物は、水着とタオル、帽子にマリンシューズ。日焼け止めも忘れずに。ライフジャケットを着用するので、泳ぎに自信がなくても大丈夫。すいすいと海上を進む爽快感は格別だ。

海に落ちたときのリカバリーの仕方も聞いておこう

乗り込むときは押さえていてくれるので安心

**あそうベイパーク SUP** MAP P85B3 対馬空港から車で15分 070-8347-5656 浅茅湾満喫 SUP クルージング 5800 円（2人以上の参加で1人 500 円引き、SUP 一式、ライフジャケット、施設使用料、保険料込み）時 応相談 予約 必要 休 荒天時 駐車場 あり URL asoubaypark-sup.com

### ここでも体験できる

**ABYSS**
住 対馬市厳原町東里 301-31 電 080-3900-0677 料 SUP 体験 3 時間 6000 円 おもな体験場所 美津島町太田浜
URL abyss8.com

**Bay Shore**
住 対馬市上対馬町大増 1084 電 (0920) 86-2262 料 1 時間 30 分～ 2 時間 5500 円 おもな体験場所 三宇田浜海水浴場
bay_shore.t3

### 13:50 10 分前に集合

開始 10 分前にあそうベイパークに集合。手続きや着替えなどの準備を行う。水着の上に T シャツを着ておこう。マリンシューズや帽子も忘れずに。

温水シャワーを完備

### 14:00 まずは地上で練習

準備体操のあと、基本的な漕ぎ方や注意事項を習う。パドルの長さは自分の身長＋20cm が目安。ひじを曲げないように漕ぐと真っすぐ進む。

初心者でも問題なし

### 14:20 海に漕ぎ出す

基本動作をおさえたら、早速海へ。とはいえ、最初は穏やかな湾の中。まずはボードの上に座って漕いで、慣れてきたら立ってみよう。いざ、湾の外に出発！

コツをつかんだら簡単 !?

### 15:20 穏やかな海をすーいすい

海といっても、周囲は入り組んだ入江なので、ほとんど波もなくとっても穏やか。吸い込まれそうな深緑色の美しい水の上を SUP でクルージング♪

浅茅パールブリッジをくぐる

### 16:00 思いっきり海で遊ぶ

そろそろ SUP の扱いにも慣れてきた頃。気の向くままに漕いで探検するもよし、海に飛び込んで遊ぶもよし。時間まで思いおもいに満喫しよう。

サンセットタイムもおすすめ

voice あそうベイパーク SUP では気軽に参加したい人には 2 時間コースもある。時間は 10:00 ～ 12:00、13:00 ～ 15:00、15:30 ～ 17:30 の 3 回。料金は 4800 円。また GoPro HERO7 のレンタルもあり（1000 円）。SUP の様子を記念に残してみては？

**美津島** 自然と歴史遺産に触れる絶景クルージング

# 浅茅湾クルージング

定期航路船うみさちひこを、通常運航時間外に遊覧船として利用することができる。コースはいくつかあるが今回は90分コースを選択。港を出発し高さ40mを超える巨大な石英斑岩の鋸割岩を見ながら入江に進む。地域に精通した船長の楽しい解説を聞きながら、海に面した鳥居が印象的な大吉戸神社や城山に残る金田城跡、霊峰白嶽を海上から眺める充実の内容だ。

デッキから対馬の絶景をひとり占め！

とっておきの場所に案内します
最大45人が乗れる船は安定感も抜群
うみさちひこ船長 **小島 清樹さん**

後ろはゴリラ岩

静かな湾に現れる巨大な断崖、鋸割岩

地形や歴史、食べ物の旬までさまざまな話が聞ける

大吉戸神社は金田城の鎮守として祀られたといわれる

**浅茅湾観光 うみさちひこ** **MAP** 折り込み③A1 **所要** 約1時間30分 **交** 対馬空港から車で約5分。長板浦港に集合 **電** (0920)58-1111 **時** 9:00～12:00（土・日曜は～15:00)の間で予約可能 **料** 1時間30分コースは1人3140円(最少催行5人)。貸し切りは3万1420円 **休** なし **駐車場** あり **予約** 必要 （コース、時間は要相談）

---

**美津島** 漁師による対馬の漁業を知るツアー

# 漁業体験

島で漁業を営む丸徳水産が、対馬の海を案内するツアー。島の海の恵みを知る漁師は、同時に海の管理人として海を守るさまざまな活動を行っている。まずは漁船に乗って海に出発。サバやクロマグロの養殖場を見学したあとは、海底を観察したり魚釣り体験をしたり。釣った魚は自宅に送ることができる。

タコメガネを使って海底を観察

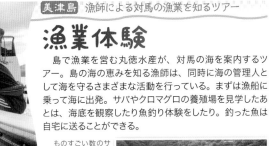
ものすごい数のサバにびっくり！

海に精通している漁師ならではの内容だ

実際に漁に使う漁船に乗船できる

いっぱい釣れるよ！
漁師さんに教わる釣り講座。何が釣れるかな？

**丸徳水産 海遊記** **MAP** P.85B3 **所要** 約2時間 **交** 対馬空港から車で約10分（丸徳水産集合） **電** (0920)54-3002 **時** 9:00～15:00の間で開催 **料** 7500円 **休** 月曜 ※荒天時は別メニューあり **駐車場** あり **予約** 必要 **URL** marutoku-suisan.com/kaiyuki

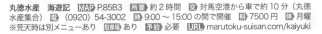

**voice** 浅茅湾クルージングの船うみさちひこは、普段は定期航路として運航しているが、定期運航は早朝と夕方なので、その時間に重ならない月～金曜の9～12時と、土・日曜の9～15時に貸し切りや乗合で利用できる。

57

にゃんにゃん

そばを伸ばすときは猫の手にして

打ちたては格別ですよ!

そば道場 美津島店
桐谷 ひずるさん

いりやきにもしてくれる!

島のソウルフード、
対州そば打ちにチャレンジ!

# 対州そば そば打ち体験

古くから各家庭でそばを打ち、
地元の食材とともに食べられてきた島の郷土料理、対州そば。
そのそばを、自分で打って食べてみよう。

## 達人に教わりながら 楽しくそば打ち

対州そばと呼ばれる対馬のそば。縄文時代、大陸から伝わったそばは、島で大切に栽培され食されてきた。原種に近い対州そばは香りと味が濃いのが特徴だが、粒が小さく収穫量が少ないのが難点。そのため改良品種の栽培が増えつつあったが、20年ほど前から保存運動が始まり、農家や飲食店が協力し次世代に残すべく活動している。その対州そばのそば打ちが体験できる。

教えてくれるのはこの道18年、毎日60人分以上のそばを打つという桐谷さん。水の量や打ち加減など、経験がないと難しい部分もしっかりサポートしてくれるから安心だ。最後は打ちたて、ゆでたてのそばを食べることができる。

打ちたてのそば。香り高くおいしい!

### もっと知りたい!

**対州そばってどんなそば?**

世界各地で栽培されるそばだが、そのルーツは中国南部からヒマラヤ周辺といわれている。対馬は大陸から日本に伝わった最初の地といわれており、荒れ地でも育つそばは平地の少ない島で貴重な穀物として栽培されてきた。対馬は海で隔絶されていたため交雑することがなく、今でも原種に近い味わいを保っているのだ。

そば道場 美津島店 **MAP** 折り込み③ A1 **交** 対馬空港から車で約2分 **住** 対馬市美津島町雞知 461-6 **☎** (0920) 54-8311 **料** 4人まで 4400円、5人以上の場合 1人 1100円 **時** 10:00〜、10:30〜の2回 **予約** 3日前までに必要 **休** 木曜 **駐車場** あり **URL** sakusyoku.com/mitsushima

### スケジュール

| 所要時間 約1時間 | 体力レベル |
|---|---|

**11:00** そば粉に水をまわす

対州そばはつなぎを使わない十割そば。まずは水を加えて粉と水をなじませるように混ぜるところからスタート。この作業がそばの味を左右するそう。

水加減は経験が必要

**11:10** 生地を円錐形に整える

生地が水になじんだら、空気が入らないように生地を内側に折り込みながら練っていく。最後は鉢のへりに沿って回転させながら円錐形に整える。

きれいな円錐形になった!

**11:15** 生地を薄く伸ばす

のし板に粉を振り、伸ばしていく。最初は麺棒で丸く伸ばし、回転させながら徐々に四角に。爪で傷つけないように猫の手に指先を丸めるのがコツ。

均等に伸ばすのが難しい!

**11:30** リズミカルに切る

そば切り包丁を駒板に合わせて垂直に下ろし、刃先を少し左に傾ける。すると、駒板が移動するので、また垂直に切っていく、という作業を繰り返す。

テンポよく切っていこう

**11:00** できたてをいただきまーす!

打ちあがったそばは、厨房でゆでてくれる。半分はもりそばに、もう半分は郷土料理のいりやきそばにしてもらうこともできる。自分で打ったそばの味は格別!

打ちたてのいい香り♪

できたそばはその場でゆでてもらえる。もりそばもいいが、ぜひいりやきそばで味わってみて。鶏肉にキャベツやこんにゃくなど具材たっぷり。少し甘い醤油ベースのスープには鶏肉のうま味が染みだし、十割そばと相性抜群だ。

上対馬 対馬の真珠と革ベルトで唯一無二の作品を

# 対馬真珠アクセサリー作り

対馬の入り組んだ海岸は真珠の養殖に適しており、大正時代から養殖業が盛ん。対馬パールでは、個性的な形の真珠を使ったアクセサリー作りを楽しめる。好きな真珠を選んで作ったアクセサリーは、自分用にしてもいいし、最高なプレゼントにもなる。ヤットコを使った細かい作業になるが、シンプルな構造なので子供でも参加できる。

切った革ベルトに金具を付ける。金具をつぶさないように気を付けて

家族や友達とのお揃いも☆

完成！

先生がコツを教えてくれるので、よく聞いてから作業を始めよう

これは悩むわ〜

好きな真珠と革ベルトを選ぶ。ベルトにはイノシシやシカの革を使用

丸ヤットコで真珠に金具を取り付ける。手首をねじるように！

真珠とベルトの金具をつないでできあがり。上品ななかにかわいさも♪

対馬パール MAP 折り込み④ A4 交 比田勝港国際ターミナルから徒歩約12分 住 対馬市上対馬町比田勝200 電 080-8553-4433 所要 1時間 料 革ブレスレット作り 3900円ほか 時 10:00〜16:00 予約 必要 休 不定休 駐車場 あり URL tsushimapearl.stores.jp

対馬パール
**細井 尚美さん**

---

厳原 イノシシやシカの革でオリジナルクラフト作り

# レザークラフト体験

「獣害」から「獣財」へ、をテーマに、シカおよびイノシシの肉や革を加工、販売するdaidai。島の山や畑を守るために捕獲されたイノシシとシカの革を使った、クラフト作りを体験できる。まずは島の山村の現状について簡単なレクチャーを受けたあと、制作スタート。十数種類のなかから好みの革を選び、好きな文字を刻印できる。

不器用な私でもできた♪

好きな色を組み合わせてね！

どの色にしようかな

さまざまな革のなかから好きな色を2色選ぶ

店舗の奥のワークスペースで制作する

ぐっ！と力を入れて

刻印した2枚の革を貼り合わせる

サイズに合わせてカット

金具部分の穴開けはちょっと緊張！

完成！

daidai
**西山 あゆみさん**

daidai MAP 折り込み② C3 交 ふれあい処つしまから徒歩約2分 住 対馬市厳原町今屋敷731 電 なし 所要 30分 料 キーホルダー作り 1500円 時 予約制 予約 HP からメールで予約 休 不定休 駐車場 なし URL www.daidai.or.jp

# 対馬唯一の酒蔵を訪ねる 河内酒造

島で唯一の酒造所、河内酒造。製造した酒のほとんどは島内で消費されるという地域密着の酒だ。
島民が愛して止まない"幻の酒"を求めて、酒蔵を訪ねた。

## 4代目杜氏の新たなる挑戦

対馬で居酒屋に行けば、たいてい日本酒の「白嶽」、焼酎の「対馬やまねこ」が置いてある。どちらも製造しているのは河内酒造だ。創業は1919（大正8）年。現在は4代目の伊藤真太郎さんが杜氏を務める。酒蔵と自宅は同じ敷地内にあるので幼い頃から酒造りを手伝ってきたという伊藤さん。東京農業大学で醸造を学んだあと島に戻り、本格的に酒造りを始めた。特徴は地下6mから汲み上げる仕込み水。山の多い対馬が育んだ軟水を使うと、スムーズに発酵するためすっきりと口当たりの柔らかな酒になるという。酒蔵を見せてもらうと、代々受け継がれてきた巨大なタンクや釜が並ぶ。「ずっと飲んでくれている人が多いので味を変えるわけにはいかないんです」。一方で島内需要が減るなか、販路を島外に拡大する必要もある。全国に通用する酒をという思いで造った「白嶽 大吟醸」は全国新酒鑑評会で金賞を受賞し、自信につながったという。華やかな香りとキレのよい後味で、単体で飲んでも食事と合わせてもおいしい。「お酒を通じて対馬を訪れてくれる人が増えればうれしいですね」。伊藤さんはそう語ってくれた。

日本酒7000ℓ、焼酎1万ℓを仕込む

タンクの中の水位を測る水位計。これも代々受け継がれてきたものだ

河内酒造
伊藤 真太郎さん
工場併設の店舗では、すべての酒が手に入る

春から秋は焼酎、冬場は日本酒の仕込みで大忙しだ

減圧式蒸留器で造る焼酎は麦と米をブレンドし、クセのない味わい

MAP 折り込み③A2 ✈ 対馬空港から車で約5分 住 対馬市美津島町鶏知甲490-1 ☎ (0920)54-2010 🕘 9:00～19:00 休 日曜、祝日 駐車場 あり
カード 可 URL www.kawachi-shop.jp

---

## 河内酒造のおすすめ日本酒＆焼酎

日本酒
**白嶽 大吟醸**
720ml 3960円
協会1801号酵母を使用した、香り高い大吟醸酒。やや冷やしてもおいしい

日本酒
**白嶽 上撰**
720ml 1185円
毎日の晩酌にぴったり。心地よいキレ味とさわやかな甘さがどんな料理にも合う

日本酒
**白嶽 にごり**
720ml 1500円
冬限定の人気商品。生きた酵母のほのかな発泡感があり、酸味と甘味のバランスが絶妙

日本酒
**白嶽 生酒**
300ml 575円
加熱処理をしていないため、フレッシュな味わいが楽しめる。冷蔵保存を

焼酎
**対馬やまねこ**
720ml 1388円
麦と米をブレンドし、雞鳴水源の森の伏流水で仕込んだすっきり軽い味わいの焼酎

焼酎
**こっぽうもん**
720ml 1388円
黄麹（日本酒用の麹）と日本酒用の酵母で造った純米焼酎。こっぽうもんとは頑固者という意味

焼酎
**木庭作**（こばさく）
720ml 1498円
対州そばを使用した対馬限定のそば焼酎。対馬特有の焼畑農法「木庭作」から命名

VOICE 白嶽 大吟醸の酒粕を練り込んだ美容石鹸1260円も人気だ。ほのかに大吟醸酒粕の香りが漂う石鹸は、きめ細かな泡立ちでさっぱりと汚れを落としつつもつっぱらず、肌の保水力を保持。つるつるとした美肌になれるはずだ。

門柱を過ぎると、森の中にれんがと砂岩で造られた弾薬庫が連なる

国防の最前線にあった対馬の要塞跡

# 歴史を語る砲台探訪3選

国境の島、対馬には外敵の侵入を防ぐため多くの砲台が築かれた。
その数、なんと30以上。なかでもアクセスのよい3ヵ所を紹介！

## 天空の城を思わせるレトロなたたずまい

### 姫神山砲台跡（ひめがみやまほうだいあと）  建設…日露戦争時

東にある三浦湾からの敵の侵入を防ぐために、1901年に建設された砲台跡。1904年には6門の28cm榴弾砲が配備された。赤れんがと浅海砂岩で造られた建物は植物に覆われ、ノスタルジックな雰囲気を漂わせている。

左／奥の弾薬庫から階段を上ると、東水道を見渡す右翼観測所がある　右／日露戦争前に2門1対の28cm榴弾砲3対が設置された

MAP P.85B4　交 対馬空港から車で13分　住 対馬市美津島町緒方　駐車場 あり

アクセスのヒント
緒方地区から駐車できる広場までは道幅が狭く、対向車とすれ違えない場所もある。緒方地区の広場に車を停め、散策がてら40分ほど歩くのも楽しい。

駐車できる広場から砲台跡までは約500m。緩やかな坂を上る

## 軍艦より移設された40.6cmの巨砲

### 豊砲台跡（とよほうだいあと）  建設…太平洋戦争時

左／砲塔部は爆撃に耐えられるよう3mの擁壁で保護されている
右／入口のボタンを押すと照明がつき倉庫や機械室が見学できる

朝鮮海峡の制海権を握るため5年の歳月をかけ1934年に完成。戦艦「赤城」の45口径40.6cmカノン砲が移設された。実戦では使用されなかったが、威圧の効果は大きかったといわれている。鉄筋コンクリート造りの砲塔部と地下室を見学できる。

MAP P.91C1　交 比田勝港国際ターミナルから車で16分　住 対馬市上対馬町豊　駐車場 あり

アクセスのヒント
入口まで車で行けるほか、韓国展望所の手前から歩いてアクセスすることも。徒歩20分ほどで砲台跡の上部へ、地下室入口まではさらに徒歩約15分。

移設された艦砲は「長門」のものという説もある

## 森の中にたたずむ120年前の要塞跡

### 上見坂堡塁跡（かみざかほうるいあと）  建設…日露戦争時

左／苔むした砲座跡はファンタジックな雰囲気
右／4門の火砲を格納することもできた兵舎室

日露戦争に備えて1902年に完成した堡塁。ロシア兵の上陸・白兵戦を想定し、砲口15cmの火砲が4門設置されたが実戦で使われることはなかった。上見坂公園の奥に樹木に覆われて、砲座や弾薬庫、避難所などが残っている。

MAP P.74B1　交 対馬空港から車で22分　住 上見坂公園内→P.75　駐車場 あり

アクセスのヒント
上見坂公園の駐車場まで車で行ける。周囲にバス停はないのでレンタカーかタクシーを利用しよう。森の中を3～4分ほど歩くと堡塁跡が見えてくる。

静かな森を歩くと、突如、堡塁跡が姿を現す

こんな砲台も！

### 城山砲台跡 →P.44
● 建設…日露戦争時
城山の頂上付近には28cm榴弾砲4門が設置されていた。今は砲台跡が残る。

### 棹崎砲台跡 →P.93
● 建設…太平洋戦争時
かつて棹崎公園に備えられた15cmカノン砲の砲座跡が見られる。

観光案内所で砲台のガイドブックをゲット！

対馬砲台あるき放題
対馬観光物産協会
☎ (0920) 52-1566

voice ここで紹介した砲台は観光客がよく訪れ整備されているが、ほとんどの砲台は森の中にひっそりと眠っている。できればガイドをお願いしたほうが安心。また夏は暑さでバテるうえに虫も多いので11～5月がベストシーズン。

宗義智を弔うために創建された万松院

## 歴史に翻弄された城下町

# 厳原町歩き

中村地区に立つ宗義智像

元寇、倭寇という動乱を経て平穏な対馬に発令された朝鮮出兵、徳川家康の命による国交回復交渉と貿易による栄華、そして衰退。対馬の歴史を刻む、厳原の町を歩いてみよう。

### 宗氏の築いた華やかな城下町の面影

7世紀から対馬国の国府がおかれ、行政・文化の中心として栄えた厳原。

当時は府中と呼ばれており、厳原と改称されたのは明治維新後のことだ。元寇で壮絶に戦った宗氏の19代目当主、義智の時代には朝鮮との関係も回復し交易もあったが、豊臣秀吉より朝鮮出兵の先陣となるよう命が下る。7年に及ぶ出兵は秀吉の死により終結するが、徳川家康の台頭によりともに朝鮮で戦った義父の小西行長は

処刑され、さらに家康は義智に朝鮮との国交回復を命じる。日本を憎む朝鮮との間の国交回復は困難を極めたが、ついに外交使節団、朝鮮通信使が往来する平和な時代が訪れた。町は朝鮮貿易で潤い、来賓を迎えるために整えられた厳原の町並みはため息の出る美しさだったという。その後、徳川吉宗の引き締め政策により徐々に衰退していくが、今も厳原の町には当時の栄華を伝える史跡が点在。時代に翻弄された宗氏と島の運命に思いをはせつつ、散策してみよう。

#### もっと知りたい！
#### 宗氏の国交回復の秘策とは？

朝鮮との国交回復において、最も宗義智を悩ませたのが家康の謝罪文の提出だ。そこで義智がとった行動が、謝罪文の偽装。国書の偽造という実に大胆な手段だが、これにより朝鮮との関係は好転する。しかし、このことを幕府に密告するものが現れた……！偽造された印鑑、文書などは対馬博物館で見ることができる（→ P.77）。詳しくはP.112へ。

対馬博物館に展示された偽造スタンプ

観光情報館ふれあい処つしま

万松院
旧金石城庭園
対馬朝鮮通信使歴史館
金石城跡
櫓門
対馬博物館
観光情報館ふれあい処つしま
START/GOAL
清水山城跡
清水山城三の丸跡
八幡宮神社
氏江氏屋敷跡の長屋門
半井桃水館
中村地区の武家屋敷跡
川端通り
国分寺
〈イメージ図〉

voice 町歩きには、「観光情報館 ふれあい処つしま」で貸し出しているシティサイクルを使うのもいい。また対馬観光物産協会ではガイドを紹介してくれる。ガイドと巡ればより理解が深まる（→ P.126）。

## スケジュール

| 所要時間 | 歩行距離 | 体力レベル |
|---|---|---|
| 約2時間 | 約4km | 🚶🚶🚶 |

徒歩3分

### 10:00 ふれあい処つしまからスタート

まずは国指定史跡の金石城跡へ。1528年に宗将盛が金石館を建て、1669年に義真が櫓を築いてから金石城と呼ばれるようになった。さらに進むと旧金石城庭園がある。長年土砂に埋もれていたが、調査の結果希少な構造をもっていることが判明した。現在一般に公開されている。

国の名勝に指定された「旧金石城庭園」

櫓門は1990年に再建されたもの

旧金石城庭園 **MAP** 折り込み②A2 ☎ (0920)52-5454 ⏰ 9:00〜17:00 休 火・木曜 料 310円

徒歩8分

### 12:00 対馬藩家老、氏江氏の屋敷跡を見る

1678年、桟原城が造営された際に馬場筋通りと称する大通りが整備され、宗氏や家中上士の屋敷がずらりと立ち並ぶ壮麗な町並みとなった。

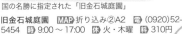

付近の小路には当時造られた石塀が残る

現在は氏江氏の屋敷跡の長屋門が残る

徒歩6分

### 12:15 樋口一葉の師、半井桃水を知る

明治期に活躍した新聞記者・小説家、半井桃水（なからい とうすい）。樋口一葉の師として知られ、その生家跡が開放されている（→ P.77）。

いくつもの石橋が架かる

食事処や特産品販売スペースもある

徒歩5分

### 12:30 川端通りを散策

商店や飲食店が並ぶ川端通り。その名のとおり川沿いの通りで、そよぐ柳の木に風情を感じる。カフェが点在するので、スイーツやおいしいコーヒーで歩き疲れた体を休ませよう。

おすすめカフェは→ P.30

### 10:30 歴代藩主が眠る万松院へ

1615年、初代藩主・宗義智の冥福を祈って建てられた寺。以降、宗氏歴代藩主の菩提寺となった。本堂横の百雁木と呼ばれる132段の階段を上ると宗氏歴代の墓がずらりと並び、荘厳な雰囲気が漂う（→ P.77）。

木々に覆われうっそうとした雰囲気が漂う百雁木

石段を上った所にある宗氏の墓所は御霊屋（おたまや）と呼ばれている

徒歩15分

### 11:30 古くから崇敬を集めた八幡宮神社

神功皇后が三韓征伐の帰りに清水山でこの地を守るよう祈りをささげ、その麓に社殿を造営したのが始まりといわれる（→ P.63）。

境内には宝物館がある（拝観料500円）

徒歩1分

### 12:10 中村地区の武家屋敷跡

八幡宮神社に隣接する中村地区。現在の町並みは1660年頃に屋敷町として整えられた町が元となっており、石塀や武家門などに当時の風情を感じることができる。

1811年の朝鮮通信使の来日に備え町じゅうの石垣が整備された

### 足を延ばして清水山城三の丸跡へ

厳原の背後にそびえる清水山。その尾根沿いに、1591年、秀吉の命により城が築かれた。標高206mの一の丸から二の丸、三の丸と続く長さ500mの細長い城は、尾根が石垣で固められた堅牢な造りが特徴。現在は城跡となっており、一の丸跡から三の丸跡までを歩くことができる。すべて歩くと1時間30分程度の道のりだが、三の丸だけならば対馬博物館から往復40分程度。高台からは厳原の町を一望できる。

**MAP** 折り込み②B1

三の丸跡からの景色。厳原市街地と厳原港を見渡せる

標識を見落とさないように

そう険しくないが歩きやすい靴で訪れて

**Voice** 町歩きの前（もしくは後）は「観光情報館 ふれあい処つしま」の一角にある観光の間へ。島の歴史や地理など、対馬の概要が展示されている。予備知識を持って町歩きに出かけるといっそう楽しめるだろう。

63

厳かな気に満ちたスピリチュアルスポット

# 神々の島、対馬の神社巡り

古くから大陸との交流拠点であり、国防の最前線でもあった対馬には、その重要性から多くの神社が建てられた。現在でも神社庁に登録されたものだけで130社が立つ。平安時代にまとめられた『延喜式神名帳』記載の格式高い式内社も29社存在し、九州最多を誇っている。　※神社名の前の数字はP.64左下の地図に対応しています

鳥居は満潮時には海中に立ち、干潮時には基台があらわになる

海中に連なる鳥居が幻想的

## ① 和多都美神社　[豊玉]
わたづみじんじゃ

ヒコホホデミノミコト　トヨタマヒメノミコト
彦火火出見尊、豊玉姫命

浅茅湾の北西岸に鎮座する龍宮伝説が残る古社。拝殿前から5つの鳥居が並び、そのうちふたつは海中に立っている。社殿の裏には巨樹が林立する原生林が広がり、薄暗い境内は厳かな雰囲気に包まれている。

**MAP** P.85A2　**交** 対馬空港から車で35分
**住** 対馬市豊玉町仁位字和宮55　**駐車場** あり
**URL** watadzumi.com

左／本殿の横にそびえる松は龍を思わせ、御神木とされる　右／先代宮司と伝わる阿曇磯良の霊石、磯良恵比須

野鳥の森にたたずむ一ノ宮

## ② 海神神社　[峰]
かいじんじんじゃ

豊玉姫命（主神）、彦火火出見尊ほか三柱

神功皇后が旗八流（八本の旗）を納めた場所として八幡本宮と名付けられ、対馬国一ノ宮と称されたと伝わる。1871年に海神神社と改称され、社格の高い国幣中社に列せられた。

**MAP** P.85A1　**交** 対馬空港から車で48分
**住** 対馬市峰町木坂247　**駐車場** あり

上／周辺には原生林が残り野鳥を観察しながら散策も　右上／階段の上にしめ縄がかけられた神聖な岩が鎮座する　右下／海上安全や豊漁を祈願しに島の漁師が訪れる

**VOICE**　九州には式内社が98社あるが、そのうち約3分の1にあたる29社が対馬のもの。また特に霊験あらたかな名神大社は6社あり、古くから対馬が重要視されていたことがわかる。

## 対馬卜部の祖を祀る明神大社

### ❸ 太祝詞神社 [美津島]

フトノリトノカミ イカツオオミノミコト
太詔戸神、雷大臣命

亀の甲羅を使う占い亀卜（きぼく）を日本に伝えた雷大臣が眠る神社。境内はうっそうとした森に覆われ厳かな雰囲気が漂う。拝殿の横にある小さな石塔が雷大臣の墓と伝わっている。

右／こぢんまりとした神社だが神秘的な雰囲気 左／対馬には5世紀頃に亀卜が伝わったとされる

MAP P.85A4　🚗 対馬空港から車で28分　🏠 対馬市美津島町加志512　🅿️ あり

## 背後に霊峰、白嶽を望む遥拝所

### ❻ 白嶽神社 [美津島]

オオヤマツミノカミ タクズタマノカミ
大山祇神、多久頭魂神

濃緑の山から双峰が突き出す白嶽は、神山としてあがめられてきた対馬の山岳信仰の総社。麓の洲藻集落には、霊峰に祈りをささげられるよう遥拝所として神社が建てられた。

左／拝殿を守るようなイチョウの巨木が目印 右／拝殿に向かって右奥に、輝く白嶽が見える

MAP P.85A4　🚗 対馬空港から車で20分　🏠 対馬市美津島町洲藻347-2　🅿️ なし（白嶽登山者用駐車場を利用）

## 海に向かって鳥居が立つ海神の古社

### ❹ 住吉神社（鴨居瀬）[美津島]

ヒコナギサタケウガヤフキアエズノミコト ミツツオノミコト
彦波瀲武鸕鷀草葺不合命、三筒男命

大陸航路の拠点だった鴨居瀬で、船の往来を見守り続けてきた由緒正しい神社。海との境界に立つ鳥居が歴史を物語っている。時期は不明ながら雑知の住吉神社に移祭したと伝わる。

右／海神が祀られ、碇などが奉納されている 左／目の前の海は紫瀬戸と呼ばれる景勝地

MAP P.85B3　🚗 対馬空港から車で35分　🏠 対馬市美津島町鴨居瀬491　🅿️ あり

## 目の前に雄大な対馬海峡が広がる

### ❼ 胡禄神社 [上対馬]

ウワツツノミコト ナカツツノミコトほか二柱
表津少童命、中津少童命ほか二柱

海神にまつわる伝承が多く残る琴集落に立つ古社。胡禄神社と対になる胡禄御子神社の右横から山道に入り、歩くこと約20分。海を一望する高台から海岸へと連なる鳥居は圧巻。健脚者向き。

右／階段を下りると海岸にタイドプールが見られる 左／海沿いに立つ胡禄御子神社の横が山道の入口になっている

MAP P.91C3　🚗 比田勝港国際ターミナルから車で35分　🏠 対馬市上対馬町琴1　🅿️ あり

## 清水山の麓に鎮座する由緒ある社

### ❺ 八幡宮神社 [厳原]

オウジンテンノウ ジングウコウゴウ
鷹神天皇、神功皇后ほか三柱

厳原の中心地に立ちながら、緑豊かな社叢に恵まれた歴史ある神社。神功皇后が三韓征伐の帰りに自ら神々を祀ったと伝わる。宝物殿には太刀や高蒔絵などが奉納されている。

左／広大な敷地の中には社格の高い境内社が点在 右／風格ある本殿。手前には神が乗る神馬の姿も

MAP 折り込み② C1　🚗 観光情報館ふれあい処つしまから徒歩7分　🏠 対馬市厳原町中村645-1　🅿️ あり

## 原生林に覆われた天道信仰の中心地

### ❽ 多久頭魂神社 [厳原]

アマテラスオオミカミ アメノオシホミミノミコト
天照大御神、天忍穂耳命ほか三柱

聖域としてあがめられてきた龍良山の八丁角（オソロシドコロ）を遠くから拝むため、豆酘御寺の観音堂を社殿としたもの。境内社が多く、名神大社の高御魂神社も鎮座している。

右／神聖な原生林の中にいくつもの神社が点在する 左／本社の奥には禁足地の不入坪（いらぬつぼ）が

MAP P.74A3　🚗 観光情報館ふれあい処つしまから車で30分　🏠 対馬市厳原町豆酘125　🅿️ あり

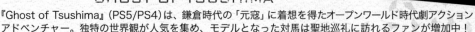

対馬をモチーフにした大ヒットゲームの聖地を巡る

# ゴースト・オブ・ツシマの世界
## GHOST OF TSUSHIMA

『Ghost of Tsushima』(PS5/PS4)は、鎌倉時代の「元寇」に着想を得たオープンワールド時代劇アクションアドベンチャー。独特の世界観が人気を集め、モデルとなった対馬は聖地巡礼に訪れるファンが増加中！

## ゲームの世界をリアルで感じる対馬の新しい旅スタイル

『Ghost of Tsushima』(GoT) は2020年7月に発売され、世界中で大ヒットを記録したアクションアドベンチャーゲーム。鎌倉時代の元軍による侵攻「文永の役」を題材にしており、ゲームでは生き残ったひとりの侍が元軍に立ち向かう姿をテーマに物語が進んでいく。ストーリーはもちろん、対馬をモチーフ（※）にしたゲームの世界観も魅力のひとつ。オープンワールドで描かれた美しい自然や集落を巡ると、中世の島を旅しているよう。ゲームに登場する「對馬國」には上県や豊玉、厳原など実在の地名も使われていて、対馬を知っていると思わずニヤリとしてしまう。実際に聖地巡礼に訪れるファンも多く、対馬の新しい楽しみ方として注目を浴びている。

島らしい風景がいっぱい

© 2021 Sony Interactive Entertainment LLC.

※ゲーム開発者はインタビュー等で「対馬をモチーフにしているが、ゲームの舞台として成立させるためあえて地形や名称、気候などを変えている部分もある」と話しており、あくまで「似ている場所」という理解でご覧ください。

### 聖地巡礼 1 万松院

**黄金寺の石段が似ている！**

ゲーム序盤に何度も訪れる黄金寺は、入口の長い階段が特徴。この階段が厳原の万松院にある百雁木に似ているといわれている。万松院の仁王像は門内に隠れているが、連なる灯籠はそっくり。

### 聖地巡礼 2 和多都美神社

**雲日神社の鳥居が似ている！**

豊玉の東海岸にある雲日神社は、海に向かって並ぶふたつの鳥居が印象的。この鳥居が和多都美神社を想起させると評判。和多都美神社には5つの鳥居が並び、干潮時の景観はかなり似ている。

### 聖地巡礼 3 小茂田浜

**漂流の果ての海岸が似ている！**

ゲーム内には「小茂田の入り江」という場所があるが、実際の小茂田浜に似ているのは漂流の果てという白砂が延びる海岸。ゲーム内の地図でも、小茂田浜と同じような場所に位置する。

### 聖地巡礼 4 白嶽

**そびえ立つ双耳峰が似ている！**

ゲーム内には岩山の上に神社があったり、巨大な岩山がそびえていたり、白嶽を思わせる景観が多く見られる。こちらは陽光を浴びて輝く白い岩峰。森の中に突き出た岩は、白嶽と同じシチュエーション。

---

**ここもCheck! 千俵蒔山**
一面、穂を揺らすススキで覆われたGoTっぽい景観が広がる。

**ここもCheck! 韓国展望所**
対馬の北端から望む水平線はGoTの世界観を漂わす。

**ここもCheck! 金田城跡**
ゲーム内では敵将の居城として岸壁に守られた金田城が登場する。

**ここもCheck! 豆酘崎**
ゲームには南端の豆酘崎はないが、海を見渡すシーンは見られる。

聖地巡礼2 和多都美神社
聖地巡礼4 白嶽
聖地巡礼3 小茂田浜
聖地巡礼1 万松院

## 行く前も行ったあともゲームで楽しむ

『Ghost of Tsushima』は PlayStation 5、PlayStation 4 で遊べるゲーム。2021年8月には完全版となる『Ghost of Tsushima Director's Cut』が発売され、対馬の隣に浮かぶ壱岐を舞台にした新ストーリー「壱岐之譚」が加えられた。ゲームとしての魅力はもちろん、映像の美しさや世界観も人気の秘密だ。

『Ghost of Tsushima Director's Cut』
発売／ソニー・インタラクティブエンタテインメント
CERO／Z（18歳以上のみ対象）
PS5用、PS4用ともにパッケージ版とダウンロード版がある
URL https://www.playstation.com/ja-jp/games/ghost-of-tsushima/

『Ghost of Tsushima』は、実写映画化されることが発表されている。監督はキアヌ・リーブス主演の「ジョン・ウィック」シリーズを手がけたチャド・スタエルスキ氏。まだキャストも発表されていないが、どのような映像になるのか楽しみ！

どこか懐かしい
線香の香りに
心安まる

# 歴史ある寺で心安らぐひとときを過ごす
# 西山寺で宿坊体験

ホテルや民宿とはひと味違う、宿坊での滞在。
厳原にありながら町の喧騒から隔絶された静謐な空間で
旅の一夜を過ごしてみよう。

## 厳原の高台に位置する由緒ある寺に泊まる

厳原の町なかに立つ「宿坊 対馬西山寺」。石段を上り、門をくぐったとたん、喧騒から隔絶された凛とした空気に包まれる。西山寺の発祥は741年にまで遡る。1512年に対馬臨済宗の中本山となってからは朝鮮通信使の接待や、国書作成など、対馬藩の日朝交渉の窓口として明治維新まで大きな役割を担ってきたという。そんな歴史ある寺は、実に美しい。手入れされた庭に、磨き上げられた廊下、朝夕に鳴り響く鐘の音……。宿泊する客室は清潔で居心地がよく、宿坊だからといって堅苦しいことはない。ただせっかく宿坊に泊まるのなら、翌朝は少し早起きして坐禅を体験したい。鐘の音と線香の香りに包まれて、自分の心と向き合ったあとは、心づくしの朝食が待っている。清らかな気持ちでいただく食事は、しみじみと体に染み渡るようだ。

住職
田中 節竜さん

1 ぼんやりと庭を眺めながら過ごすのもいい
2 年間を通してさまざまな法要が行われる
3 地の物を使った滋味あふれる朝食
4 客室はバス、トイレ共同の和室とバス、トイレ付きの洋室がある
5 共同の浴場は広々として気持ちいい

## 早起きして坐禅に挑戦

### 静けさのなかで自分と向き合う

西山寺では、坐禅体験を実施している。早朝、指定された時間に坐禅堂に集まり、まずはお経を読む。その後いよいよ坐禅。呼吸を意識することで、自分の内面と向き合うというのが西山寺のスタイル。厳しくされることはないので気楽に参加してみよう。

まずはお経を読んで心を落ち着ける

足がつった〜

時 6:00頃〜（予約時に確認）
料 500円
予約 前日までに必要

ぐらぐらしないように気をつけて

**宿坊 対馬 西山寺**
MAP 折り込み②B4
住 対馬市厳原町国分1453
電 (0920)52-0444
料 素5500円〜、朝6500円〜
部屋数7室 駐車場 あり(300円)
カード 可
URL www.seizanji.com

一般家庭に宿泊して島暮らしを体験！

# 農泊のススメ

今、対馬で盛んなのが、漁師さんや農家さんのお宅に泊まり、農林漁業を体験をする "農泊" というスタイル。
島暮らしを体験すればもっと島のことが好きになる！

## 農泊の魅力

- ホテルでは味わえない島の暮らしが体験できる
- 採れたての旬の食材を堪能できる
- 代々伝わる家庭料理が味わえる

島の暮らしを見においで

銀杏の宿
原田 賢さん
順子さん

## あたたかなもてなしはまるで親戚の家に遊びにきたみたい

自然に恵まれた対馬。島の人々の多くは、農業も漁業も、山仕事もこなしながら、自然の恵みとともに生きている。そんな島の "ふつうの家庭" に泊まって、島の生活や農林漁業を体験しながら宿泊するのが農泊だ。対馬グリーン・ブルーツーリズム協会が主体となって運営しており、現在島の32家庭が受け入れ先として登録。宿泊や食事を提供するほか、農業や漁業など、それぞれの家庭が得意とする体験プログラムを開催している。

今回は対馬中部の千尋藻地区にある「銀杏の宿」に宿泊。釣りの達人

であるお父さんと、元保育士で、料理も畑仕事もマルチにこなすお母さんが出迎えてくれた。到着後、さっそくいちばん人気という釣りを体験。体験場所は宿の目の前の海。堤防から釣り糸を垂らすと、すぐに竿がしなりカサゴやベラが数匹釣れた。

農泊は食事も楽しみだ。魚や庭で採れた野菜など島の素材を使って家庭料理を振る舞ってくれるのだけど、それがとってもおいしい！ お父さん、お母さんも一緒に食卓を囲み、ビール片手に会話が弾む。翌日は朝食後、お母さん自慢の畑へ。道中話してくれた地域に伝わるお祭りや伝説が興味深い。畑には多種多様な野菜が実り、食卓で見かけたものも。自然のなか

から恵みをいただき、作って、食べる。島の日常を通じて知る島の営みだ。またここに帰ってこよう。そう思わせる心あたたまるひとときだった。

協力 銀杏の宿
MAP P.85B2 住 対馬市豊玉町千尋藻341 駐車場 あり

予約・問い合わせ先
対馬グリーン・ブルーツーリズム協会
電 (0920)85-1755
料 朝夕8580円〜（小学生は6600円〜）、朝のみ、素泊まりも可能
体験料：陸釣り体験1650円（道具・餌代込み）、郷土料理体験1650円など
URL tsushima-gbt.com

---

## こんな体験ができます！ 海、山、里でできるさまざまな体験プログラムから一例を紹介。

### 「和蜜」採蜜体験

丸太をくりぬいた独特な形の巣箱、蜂洞を使ったニホンミツバチの採蜜体験。

時期：9月下旬〜10月上旬
体験料：5500円（ハチミツのおみやげ付き）

### おやつづくり体験

サツマイモを干して作るかんころもちやぼたもちなど、郷土のおやつ作り。

時期：通年
体験料：1650円

### 原木シイタケ収穫・栽培体験

きゅっと身が締まり、森のアワビと呼ばれるどんこシイタケの収穫・栽培体験。

時期：9〜3月
体験料：2200円（シイタケのおみやげ付き）

※体験のみも可能。ただし宿泊者の料金とは異なるので問い合わせを。

---

農泊は、ホテルとは違いパジャマや歯ブラシは持参する。シャンプー類やタオル、ドライヤーは用意されている。Wi-Fiは完備という宿が多いが、設備やアメニティは宿によって異なるので詳細は協会に確認しよう。

# 農泊の流れ

## 15:00 チェックイン

こんにちはー

夕方の釣り体験に合わせてちょっと早めにチェックイン。送迎が可能な場合もあるので予約のときに尋ねてみよう。

車の場合は駐車場の場所を確認する

## 15:30 魚釣り体験スタート

さっそく予約しておいた魚釣り体験へ。お父さんについて宿のすぐ目の前の堤防へ。魚釣りが初めてでも、教えてくれるから大丈夫！

夕食ゲット〜！

初めての海釣りで魚をゲット！

道具や餌は用意してくれる

ベラやカサゴがたくさん釣れた！

## 17:00 夕食まではフリータイム

釣りのあとはしばらくフリータイム。港を散策したり部屋でのんびりしたり。この時間が入浴タイムという宿も多い。

静かな漁港を散策

自分で釣った魚は格別！

先ほど釣った魚をさばいてから揚げにしてくれた

## 19:00 お待ちかねのディナータイム♪

おいしい食事を囲んで会話も弾む

おなかペコペコで向かったリビングには、びっくりするほどたくさんの料理が！ 畑で採れた野菜に、お父さんが釣った魚、なんとサザエやウニも食卓に。これらがすべてお母さんの手作りというから驚き。

宿のシンボルである銀杏の素揚げ。ビールにぴったり！

食材はほぼ対馬産。島の豊かさを舌で感じる

## 23:00 おやすみなさーい

楽しい時間はあっという間。まだまだおしゃべりしたいけれど、明日に備えて就寝。

ゆったりできる居心地の良い和室

## 9:00 お母さん自慢の畑を見学

出発前にお母さん自慢の畑へ。いっぱい採れたら、近所の人と物々交換をしたり、漬物にしたり。野菜はほぼ買うことはないのだそう。その後は地域に伝わるお祭りや風習について教えてもらう。名残惜しいけど、そろそろ出発の時間。

## 7:30 ヘルシーな朝食で朝から元気いっぱい

ぐっすり眠って、爽快な朝。採れたての野菜や自家製の漬物の朝ごはんがうれしい。

野菜は自家菜園で採れたもの

畑には色とりどりの野菜が実り、まるで宝石みたい！

めったに会えない
ヤマネコの素顔を
みんなに見てほしい

ツシマヤマネコを紹介するテレビ番組に登場することも多いヤマネコ撮影の第一人者

川口誠写真展

対馬博物館で開催された写真展は、貴重な写真が多くとても好評だった

写真／川口誠

## 対馬の希少な動植物の調査や保護活動に従事

国の天然記念物に指定されたツシマヤマネコは、対馬にだけ生息する野生のネコ。絶滅のおそれがある国内希少野生動植物種にも指定されており、保護対象になっている。

「最新の調査では、対馬には約100頭のツシマヤマネコが生息しているといわれているんですよ」と話すのは川口誠さん。約18年間、対馬野生生物保護センターでツシマヤマネコの飼育担当として調査や保護対策に取り組んでいたツシマヤマネコのスペシャリストだ。

「ツシマヤマネコはメスのなわばりが約1㎢、オスのなわばりはその倍といわれています」と川口さん。1960年頃には約300頭が生息していたので、3分の1に減ったことになる。それでもヤマネコが住む里山の環境を整備しようという動きが出てきたり、交通事故防止の啓蒙活動が進むなどして、個体数は少しずつ増えているそう。

「対馬野生生物保護センターを退職したあとは、ツシマヤマネコやカワウソの追跡調査・救護、絶滅危惧種のチョウ、ツシマウラボシシジミの

### 対馬自然写真研究所
### 川口 誠 さん
（かわぐち まこと）

生息環境整備など対馬の自然に関わる仕事をしています」

自然豊かな対馬には希少な動植物が多く、経験豊富な川口さんには国や市などからもさまざまな生物保護や調査の依頼が舞い込む。

「今は会社組織にしているので、対馬の若者を育てながらみんなで協力して対応しています」

## 里山で暮らすヤマネコの自然な姿を写真に残す

川口さんにはもうひとつ、野生動物写真家としての顔がある。2022年に対馬博物館のギャラリーで開催された写真展では、川口さんが撮影した四季折々のツシマヤマネコの写真や動画を展示。貴重なヤマネコの姿を紹介した。

「最初は対馬野生生物保護センターに出勤する途中、珍しい鳥を見つけては撮影していたんです。対馬は渡り鳥の中継地で野鳥の宝庫ともいわれていますから」と川口さん。撮りためた野鳥の写真は『対馬の鳥と自然』（長崎新聞社刊）

という本にもなっている。

「あるとき野鳥を探していたら、稲穂の間に隠れたツシマヤマネコを見つけたんです。それまでは野生のヤマネコを見かけたことはなかったんですが、一度、出会ったあとは視野が広がったのか頻繁に見かけるようになりました」と言う川口さん。「いかめしい風体だが、よく見ると表情がとても豊か」とヤマネコの撮影に魅了されていく。

警戒心の強いツシマヤマネコだが、好奇心旺盛な子ネコが川口さんの足元に寄ってきたこともあるとか。「めったに会えないヤマネコの素顔をみんなに見てほしい」と撮影を続ける。

「ネコ科の野生動物が生息しているというのはすごいことだし、それを撮影できるのは幸せだなと感じます。写真から、ツシマヤマネコの生息環境に興味をもってもらい、さらに保護にもつながるといいですね」と話してくれた。

島全域に魅力がいっぱい詰まってます♪

# 対馬の歩き方
## Area Guide

伝統文化を守る豆酘や城下町の名残が見られる厳原地区を擁する南部、白嶽や城山、浅茅湾などの主要観光スポットが点在する中部、そして国境の島を感じさせる北部。エリアによって異なる魅力を紹介！

# 対馬を彩る絶景スポット10

南北82kmという広大な島には美景スポットがいっぱい。
島の89%を占める緑豊かな山、どこまでも続く紺碧の海、
複雑に入り組んだリアス海岸……どこも唯一無二の風景。
自然が生み出す美しい景観に心が奪われる。

## ❷ 城山 (じょうやま)

MAP P.85A3
美津島／黒瀬

城山は浅茅湾の南に突き出した巨大な岩山。飛鳥時代に金田城が築かれた山の頂からは浅茅湾を一望。かつて防人が眺めたであろう絶景が時空を超えて心に響く。
→ P.44

## ❶ 白嶽 (しらたけ)

MAP P.85A4
美津島／洲藻

対馬のシンボルともいえる霊峰、白嶽。山頂に突き出た雄岳に登ると、目の前には神聖な雌岳がそびえ、その先には緑と青のコントラストが美しい浅茅湾が広がっている。→ P.42

## ❸ 韓国展望所

MAP P.91B1
上対馬／鰐浦

空気が澄んだ日は、海の向こうに韓国の町並みが見える展望スポット。水平線に輝く釜山の夜景が美しい。目の前には自衛隊の海栗島分屯基地が。→ P.92

※ 2023年12月まで工事のため立入禁止の予定

## ❹ 異国の見える丘展望所

MAP P.91A2
上県／佐護北里

朝鮮海峡に突き出すように造られた開放感たっぷりの展望台。天気がいいと、約50km先の韓国の釜山が眺められる。夜はイカ釣り漁船が放つ漁火がよく見える。→ P.92

## ❺ 豆酘崎 (つつざき)

MAP P.74A3
厳原／豆酘

対馬の南端から対馬海峡と朝鮮海峡を分けるように突き出した岬。先端まで歩くと、水平線までじゃまをするものが何もない雄大な海が広がり、その美しさに圧倒される。→ P.75

### ❻赤島大橋

MAP P.85B3

美津島／鴨居瀬

東側に浮かぶ沖ノ島と赤島を結ぶ、鮮やかな朱色の橋。橋の下をのぞくと、ターコイズブルーの海がキラキラと輝き、刻一刻と変わる表情に感動すること間違いなし。→ P.86

### ❼烏帽子岳展望所

MAP P.85A2

豊玉／仁位

標高176mの烏帽子岳に配された展望台。浅茅湾の北岸に位置し、東には対馬海峡、西には朝鮮海峡を一望。日本有数の規模を誇るリアス海岸の美景を堪能できる。→ P.86

### ❽内山峠展望台

MAP P.74B2

厳原／内山

目の前に対馬最高峰を誇る標高648.5mの矢立山をはじめ、起伏のある山地が広がる。西側には山に挟まれた内山盆地が。9月にはアカハラダカの渡りを見るため多くの人が訪れる。→ P.50

### ❾綱島

MAP P.85A2

豊玉／小綱

小綱浦の湾口に浮かぶ島々は、対馬きっての夕日スポット。朝鮮海峡に沈む鮮烈な夕日と島々のシルエットが美しい。1979年には「長崎新観光百選」に選ばれている。→ P.86

※防風柵があるので磯に下りて見学する。足元に注意

### ❿漁火公園

MAP P.74C1

厳原／東里

海に面して緑が広がるのどかな公園は、夜になると星が瞬くロマンティックな表情に。イカ釣りのシーズンは沖に漁火がきらめき、漁船が多いと海が明るく感じられるほど。→ P.75

# 厳原（いづはら）

南部に広がる厳原は、最高峰となる矢立山をはじめ急峻な山が連なる自然豊かなエリア。中心となる東部は古くから城下町として栄え、今でも港や市役所など重要な施設が集まる。独自の伝統を守る南部の豆酘も魅力的。

## 観る・遊ぶ

### 江戸時代をしのばせる建物を見ながら散策

7世紀から国府がおかれた厳原地区は、石垣などが残る城下町らしい風情。宗氏の菩提寺、万松院など見どころも多い。2022年4月開館の「対馬博物館」は必見。

## 食べる・飲む

### 居酒屋を中心に島の味覚を楽しめる

島内随一の繁華街だけあって中心部には食事処が充実。特に居酒屋が多く、新鮮な魚介をはじめとした島の料理を味わえる。カウンターには常連の姿も。

## 買う

### 島の食材を使った加工品が人気

品揃えが豊富なのは「観光情報館 ふれあい処つしま」に併設された「特産品の間」。革製品の「daidai」や和菓子の「江崎泰平堂」にも立ち寄りたい。

## 泊まる

### ホテルから旅館まで宿泊の選択肢は豊富

中心部にはホテルや旅館、ゲストハウスなどさまざまな宿泊施設が揃う。寺院に宿泊する「宿坊 対馬 西山寺」で早朝の坐禅を体験してみるのもいいかも!?

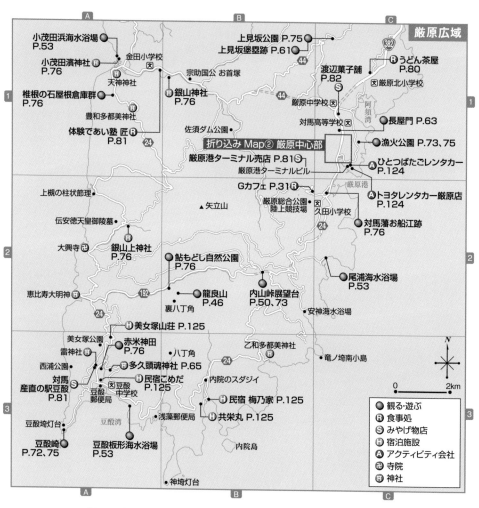

厳原広域

- 小茂田浜海水浴場 P.53
- 小茂田濱神社 P.76
- 椎根の石屋根倉庫群 P.76
- 体験であい塾 匠 P.81
- 金田小学校
- 天神社
- 宗助国公 お首塚
- 豊和多都美神社
- 佐須ダム公園
- 上見坂公園 P.75
- 上見坂堡塁跡 P.61
- 銀山神社 P.76
- 厳原中学校
- 対馬高等学校
- 渡辺菓子舗 P.82
- 厳原北小学校
- うどん茶屋 P.80
- 長屋門 P.63
- 漁火公園 P.73、75
- ひとつばたごレンタカー P.124
- 折り込み Map② 厳原中心部
- 厳原港ターミナル売店 P.81
- 厳原港ターミナルビル
- Gカフェ P.31
- 厳原港
- トヨタレンタカー厳原店 P.124
- 上槻の柱状節理
- 伝安徳天皇御陵墓
- 矢立山
- 厳原総合公園陸上競技場
- 久田小学校
- 対馬藩お船江跡 P.76
- 大興寺
- 銀山上神社 P.76
- 鮎もどし自然公園 P.76
- 尾浦海水浴場 P.53
- 恵比寿大明神
- 龍良山 P.46
- 裏八丁角
- 内山峠展望台 P.50、73
- 安神海水浴場
- 美女塚山荘 P.125
- 美女塚公園
- 赤米神田 P.76
- 雷神社
- 西浦公園
- 八丁角
- 乙和多都美神社
- 竜ノ埼南小島
- 多久頭魂神社 P.65
- 民宿こめだ P.125
- 内院のスダジイ
- 対馬産直の駅豆酘 P.81
- 豆酘郵便局
- 豆酘中学校
- 民宿 梅乃家 P.125
- 共栄丸 P.125
- 浅藻郵便局
- 豆酘埼灯台
- 豆酘崎 P.72、75
- 豆酘板形海水浴場 P.53
- 豆酘湾
- 内院島
- 神崎灯台

- 🔵 観る・遊ぶ
- Ⓡ 食事処
- Ⓢ みやげ物店
- Ⓗ 宿泊施設
- Ⓐ アクティビティ会社
- 卍 寺院
- Ⓗ 神社

N　0　2km

VOICE 対馬に限らず、島でときどき見かけるイカの回転干し機。ぐるぐる回しながらイカを乾燥させる装置だが、実は対馬で発明されたもの。回転するため形よくスピーディに干せるのだとか。メリーゴーラウンドをもじってイカゴーラウンドと呼ばれている。

## 🄾 景勝地　エリア 豆酘　MAP P.74A3

# 豆酘崎
つつざき

### 対馬の南端から雄大な海を見渡す

　対馬が浮かぶ対馬海峡と朝鮮海峡を切り裂くように突き出した豆酘崎。先端まで遊歩道が整備され、海と空を分かつ水平線を一望できる。海岸線は険しい断崖で、岬の先には張り出した岩礁に灯台が立っている。

上／先端は立ち入り禁止　左下／海を見守る不動明王　右下／岬をぐるっと回る遊歩道が整備されている

🚌 観光情報館 ふれあい処つしまから車で約40分　🏠 対馬市厳原町豆酘　🅿️ あり

## 🄾 史跡　エリア 厳原中心部　MAP 折り込み② B1

# 清水山城跡
しみずやまじょうあと

### 三の丸から見渡す厳原の町並みが絶景

　市街地から見える標高200mほどの丘に1591（天正19）年、豊臣秀吉が朝鮮出兵の前年に築いた清水山城の跡がある。稜線に沿って建てられた一の丸、二の丸、三の丸はトレッキングコースで結ばれ、歴史を感じながら散策できる。

上／三の丸跡から望む厳原の町並み　左下／ところどころに城壁が残る　右下／歩きやすい靴で訪れて

🚌 観光情報館 ふれあい処つしまから徒歩約20分　🏠 対馬市厳原町西里　🅿️ なし

## 🄾 公園　エリア 厳原中心部　MAP P.74C1

# 漁火公園
いさりびこうえん

### 足湯も楽しめる、島の人たちの憩いの場

　海に向かって開けた緑の丘は、水平線を望む絶景スポット。厳原港から徒歩約18分と、散歩の途中に寄れるロケーションだ。4～11月は無料の足湯につかりながら、のんびり過ごせる。夜はイカ釣り漁船の漁火が幻想的。

上／夜は星空と漁火がロマンティック　左下／遊具で遊ぶ子供の姿も　右下／足湯でくつろぐ

🚌 観光情報館 ふれあい処つしまから車で約4分　🏠 対馬市厳原町東里223　⛔ なし※足湯は4～11月のオープン　🅿️ あり

## 🄾 公園　エリア 厳原郊外　MAP P.74C1

# 上見坂公園
かみざかこうえん

### 眼下に浅茅湾が広がる展望スポット

　厳原町と美津島町の境にある高台の公園。標高358mに展望台が設置され、リアス海岸の浅茅湾から九州本土、晴れた日は韓国の山影までが見渡せる。木々に覆われた遊歩道を進むと、明治後期に築かれた砲台跡がたたずむ。

上／入り組んだ浅茅湾を望む　左下／のどかな雰囲気　右下／公園の奥にある上見坂堡塁

🚌 観光情報館 ふれあい処つしまから車で約20分　🏠 対馬市厳原町北里　🅿️ あり

## 📷 史跡　［エリア］厳原郊外　［MAP］P.74A1

### 椎根の石屋根倉庫群
しいねのいしやねそうこぐん

**自然災害を避けるための伝統倉庫**

　島内で採れる砂岩の板石で屋根をふき、冬季の強い季節風や雨露から食糧や衣類などを守った伝統的な倉庫。火事による損害を防ぐため、人家から離れた場所に建てられている。

🚌 観光情報館 ふれあい処つしまから車で約20分　🏠 対馬市厳原町椎根　🅿 なし

## 📷 神社　［エリア］厳原郊外　［MAP］P.74A1

### 小茂田濱神社
こもだはまじんじゃ

**元寇で命を落とした武士の霊を祀る**

　1274年に起きた元・高麗連合軍による元寇（文永の役）で、戦死した宗資国とその配下の武士を祀る神社。11月第2日曜には大祭が行われ、隣接する小茂田浜まで武者行列が行われる。

🚌 観光情報館 ふれあい処つしまから車で約18分　🏠 対馬市厳原町小茂田742　🅿 あり

## 📷 史跡　［エリア］厳原中心部　［MAP］P.74C2

### 対馬藩お船江跡
つしまはんおふなえあと

**藩の御用船を係留した船だまり**

　久田川の河口に造られた人工の入江に、対馬藩の御用船を係留した船だまりが残っている。1663年に築かれた堤の石積みは当時のまま。潮の干満を利用して船が出入りする。

🚌 観光情報館 ふれあい処つしまから車で約4分　🏠 対馬市厳原町久田64　🅿 あり

## 📷 寺院　［エリア］厳原中心部　［MAP］折り込み② D2

### 国分寺山門
こくぶんじさんもん

**数度の再建を経て今に至る**

　741（天平13）年、聖武天皇が建てた寺。朝鮮通信使時代には客館として使われた。現在客館はないが、1807年建立の山門は対馬随一の四脚門で、有形文化財に指定されている。

🚌 観光情報館 ふれあい処つしまから徒歩約7分　🏠 対馬市厳原町天道茂480　🅿 あり

## 📷 公園　［エリア］豆酘　［MAP］P.74B2

### 鮎もどし自然公園
あゆもどししぜんこうえん

**花崗岩の河原を清流が流れる**

　内山峠から西に向かって流れる瀬川沿いに造られた公園。川は花崗岩で覆われており、独特の美しい景観を生み出している。夏場はキャンプ場がオープンし川遊びを楽しむ人でにぎわう。

🚌 観光情報館 ふれあい処つしまから車で約17分　🏠 対馬市厳原町豆酘字西龍良1249-56　🅿 あり

## 📷 神社　［エリア］厳原郊外　［MAP］P.74B1

### 銀山神社
ぎんざんじんじゃ

**日本最初の銀の産地にたたずむ**

　日本で初めて銀が発見された樫根にあり、周囲には鉱山の坑道が残る。主神、諸黒神（もろくろがみ）は、坑道の神という説も。元寇の目的は銀だともいわれ一帯は甚大な被害を受けた。

🚌 観光情報館 ふれあい処つしまから車で約15分　🏠 対馬市厳原町樫根281-1　🅿 あり

## 📷 史跡　［エリア］豆酘　［MAP］P.74A3

### 赤米神田
あかごめしんでん

**古代米のひとつ、赤米を継承する稲田**

　対馬南部の豆酘は、伝統文化を色濃く残すエリア。天道信仰の聖地、龍良山の麓では米のルーツといわれる赤米を神事とともに継承している。赤米神事は年に10回以上にも及ぶ。

🚌 観光情報館 ふれあい処つしまから車で約27分　🏠 対馬市厳原町豆酘　🅿 なし

## 📷 神社　［エリア］厳原郊外　［MAP］P.74A2

### 銀山上神社
ぎんざんじょうじんじゃ

**神秘的な苔むした参道を行く**

　対馬最高峰の矢立山の西麓、山間の静かな集落に立つ式内社。入口の鳥居から、社殿へと続く苔むした参道の雰囲気がいい。銀山神社と同じ、諸黒神を祀っている。

🚌 観光情報館 ふれあい処つしまから車で約30分　🏠 対馬市厳原町久根田舎507　🅿 あり

**VOICE** 〈 対馬は674年に日本で初めて銀を産出した地として知られている。銀山神社がある樫根には銀鉱山の坑道が残っており、平安時代には銀で税（調）を納めていたほど多く産出された。

## 📷 寺院　エリア 厳原中心部　MAP 折り込み② A2

# 万松院
ばんしょういん

### 幽玄な雰囲気を醸し出す宗氏の菩提寺

　1615 年に宗氏 20 代義成が、父の義智の冥福を祈って創建。それ以降、宗氏の菩提寺となった。百雁木（ひゃくがんぎ）と呼ばれる石段を上ると、宗氏の墓所、御霊屋（おたまや）があり日本三大墓地のひとつに数えられる。

上／132 段の石段、百雁木
左下／本堂は 1879 年に再建された
右下／朝鮮より贈られた三具足

🚌 観光情報館 ふれあい処つしまから徒歩約7分　🏠 対馬市厳原町厳原西里192　☎(0920) 52-0984　🕐 8:00～18:00（冬季は～17:00)　休 なし　料 300円、高校生200円、小中学生100円
🅿 あり

## 📷 神社　エリア 厳原中心部　MAP 折り込み② C2

# 今宮若宮神社
いまみやわかみやじんじゃ

### キリスト教徒の小西マリアを祀る

　宗氏 19 代義智の妻、小西マリアと子を祀る。父である戦国武将の小西行長が関ヶ原の戦いで敗れたため離縁。5 年後に長崎で亡くなったが、その霊魂を鎮めるため神社に祀られた。

🚌 観光情報館 ふれあい処つしまから徒歩約5分　🏠 対馬市厳原町中村645-1八幡宮神社境内→P.65　🅿 あり

## 📷 資料館　エリア 厳原中心部　MAP 折り込み② C1

# 半井桃水館
なからいとうすいかん

### 日本最初の海外特派員、半井桃水の資料を展示

　半井桃水は 1860 年厳原に生まれ、幼少時代を釜山で過ごした後に朝日新聞に入社。日露戦争の記者や小説家として活躍。樋口一葉の思い人としても知られる。

🚌 観光情報館 ふれあい処つしまから徒歩約7分　🏠 対馬市厳原町中村584　☎(0920) 52-2422　🕐 9:00～17:00　休 火曜
🅿 あり　URL tsushima-tosui.com

## 📷 博物館　エリア 厳原中心部　MAP 折り込み② B3

# 対馬博物館
つしまはくぶつかん

### 対馬について知り、学べる総合博物館

　厳原の中心部に 2022 年 4 月にオープン。対馬の自然、歴史、文化、芸術をテーマに、多様な資料を展示している。総合展示を導入とし、古代から近現代までの 4 つのエリアの展示により対馬の歴史と文化を知ることができる。

上／金石城の石垣の上に立つ　左下／清玄寺ゆかりの梵鐘　右下／朝鮮通信使にも詳しい

🚌 観光情報館 ふれあい処つしまから徒歩約3分　🏠 対馬市厳原町今屋敷668-2　☎(0920) 53-5100　🕐 9:30～17:00（最終入館16:30)　休 木曜（祝日・振休の場合は翌日）　料 550円、高校・大学生330円、小中学生220円※特別展は展覧会により異なる
🅿 あり　URL tsushimamuseum.jp

## 📷 資料館　エリア 厳原中心部　MAP 折り込み② A3

# 対馬朝鮮通信使歴史館
つしまちょうせんつうしんしれきしかん

### 日本文化にも影響を与えた外交使節団

　江戸時代に朝鮮国が日本に派遣した朝鮮通信使。その歴史や対馬との関わりなどを、実物資料や模型、映像などで紹介している。「朝鮮通信使に学ぶ誠信の交流」をテーマとし、その姿勢は現代の外交にも学ぶものがある。

上／4つのゾーンから構成
左下／衣装体験コーナー
右下／入口に記念碑が立つ

🚌 観光情報館 ふれあい処つしまから徒歩約5分　🏠 対馬市厳原町国分1430　☎(0920) 52-0101　🕐 9:30～17:00（最終入館16:30)　休 木曜（祝日・振休の場合は翌日）　料 220円、高校・小中学生110円　🅿 なし　URL www.t-ctm.jp

voice 15 歳のときに宗義智の正室となった小西マリアは、熱心なキリシタンであり、その影響を受けて義智も入信したと伝わる。小西マリアを祀った「今宮若宮神社」は八幡宮神社内にあり、現在は菅原道真を祀った天神神社に合祀されている。

77

## 和食店　エリア 厳原中心部　MAP 折り込み② B3

### 日本料理　志まもと
にほんりょうり　しまもと

**対馬の魚介をさっと石の上で焼く、石焼きが名物**

　名物は、石英斑岩という石の上で魚介類を焼く石焼き。遠赤外線効果で食材のうま味を引き出し、炙ることで閉じ込める。サザエ、アワビ、イカなど対馬の新鮮な魚介をさっと炙ってポン酢やゴマだれで味わって。

上／刺身とはひと味違ういおいしさ　左下／現在はコース4400円〜のみ　右下／著名人も通う名店

🚌 観光情報館 ふれあい処つしまから徒歩約1分　🏠 対馬市厳原町国分1380　📞 (0920) 52-5252　🕐 17:00〜21:00 (L.O.)　休 不定休　予約 必要（予約のみ営業）　カード 可　駐車場 あり

## 和食店　エリア 厳原中心部　MAP 折り込み② C3

### 旬彩 和らく
しゅんさい　わらく

**旬の刺身は「今日のおすすめ」をチェック**

　長いカウンターに備わるガラスケースに地魚が並ぶ和食店。魚、肉、野菜料理とメニューは豊富だが、なかでも刺身が充実している。仕入れによるので、何が食べられるかはお楽しみ。盛り合わせも1人前から用意してくれる。

上／滑らかなマグロの刺身1700円　左下／存在感のあるカウンター　右下／高級感漂う店構え

🚌 観光情報館 ふれあい処つしまから徒歩約4分　🏠 対馬市厳原町大手橋1056　📞 (0920) 52-0020　🕐 17:00〜24:00 (L.O.23:30)　休 日曜、第2月曜　駐車場 なし

## 和食店　エリア 厳原中心部　MAP 折り込み② D3

### 割烹 八丁
かっぽう　はっちょう

**厳原で半世紀以上愛される老舗**

　一品料理から郷土料理まで多彩なメニューが揃う。おすすめはいりやき。たっぷりの具材を鍋で煮込む郷土料理で、滋味あふれる絶品鍋だ。メインの具は鶏か魚が選べる。料金は2500円（1人分料金。オーダーは2人から）で要予約。

上／新鮮な魚介をたっぷり使う　左下／あおさの天ぷら500円　右下／2階には宴会場も

🚌 観光情報館 ふれあい処つしまから徒歩約4分　🏠 対馬市厳原町大手橋1094-6　📞 (0920) 52-1264　🕐 11:00〜14:00、17:00〜21:30　休 不定休　駐車場 あり

## 居酒屋　エリア 厳原中心部　MAP 折り込み② D4

### 和食 DINING 壱
わしょく　だいにんぐ　いち

**地魚からジビエまで島の味覚を満喫**

　ジャズが流れる店内は、木目調のカウンターが延びるぬくもりある空間。地魚が揃い、刺身のほか塩焼きや煮付け、から揚げなど多彩に調理してくれる。イノシシやシカの鉄板焼きなど対馬産のジビエも味わえる（どちらも時価）。

上／地魚刺盛2000円〜、地魚唐揚げ800円〜　左下／大将との会話も楽しい（写真は旧店舗）

🚌 観光情報館 ふれあい処つしまから徒歩約5分　🏠 対馬市厳原町大手橋1227　📞 (0920) 52-8315　🕐 18:00〜23:00　休 不定休　駐車場 なし

**voice** 対馬の郷土料理「いりやき」は、地鶏または地魚を、野菜や豆腐、コンニャクなどと煮込む鍋料理だ。甘めのスープに具材のだしが染み出し、奥深い味になる。内陸部では鶏、海の近くでは魚で作ることが多い。

## 居酒屋 対玄
居酒屋　エリア 厳原中心部　MAP 折り込み② D3

いざかや　たいげん

**対馬の名物料理が揃う王道の居酒屋**

　何を食べてもおいしいと評判の居酒屋。アナゴやブリ、カサゴなどの島魚が充実しているほか、あこや貝柱のバター焼き700円などの一品料理も揃っている。とんちゃん950円やイノシシ串250円など、対馬名物の肉料理も試したい。

上／刺身の盛り合わせ1500円〜　左下／穴子の白焼き850円　右下／奥に半個室が並ぶ

🚌 観光情報館 ふれあい処つしまから徒歩約4分　🏠 対馬市厳原町大手橋1094　☎ (0920) 52-2521　🕐 18:00〜22:30 (L.O.22:00)　😴 日曜　🅿 あり　📷 izakaya.taigen

## 居酒屋かめちゃん
居酒屋　エリア 厳原中心部　MAP 折り込み② C3

いざかやかめちゃん

**落ち着いて飲みたいときに利用したい**

　刺身の盛り合わせ1320円や、カンパチカブト焼き1650円など地魚を使ったメニューのほか定番の居酒屋メニューも並ぶ。刺身定食や穴子カツ定食各1500円など、夜も定食がオーダーでき、食事メインでの利用もできる。

上／対馬産地卵の卵焼き770円も人気　左下／シンプルで居心地のよい店内　右下／しゃれた外観

🚌 観光情報館 ふれあい処つしまから徒歩約2分　🏠 対馬市厳原町今屋敷703　☎ (0920) 52-4833　🕐 11:00〜14:00、18:00〜23:00 (L.O.22:00)　😴 火曜　💳 可　🅿 なし

## めしや
居酒屋　エリア 厳原中心部　MAP 折り込み② C3

めしや

**地元客が集まる川端通りの名店**

　食堂のような外観だが、店内はカウンターに常連客が並び、座敷もある居酒屋らしい雰囲気。通常メニューのほか、仕入れによって変わるおすすめ料理も豊富だ。食事は刺身と天ぷらが付いためしや定食2000円が人気。

上／刺身の盛り合わせ1650円　左下／日曜は常連客の姿も　右下／川端通りの中心に立つ

🚌 観光情報館 ふれあい処つしまから徒歩約3分　🏠 対馬市厳原町大手橋1045　☎ (0920) 52-1778　🕐 11:30〜13:00、17:00〜22:00　😴 水曜　💳 カード可　🅿 あり

## 居酒屋かわせみ
居酒屋　エリア 厳原中心部　MAP 折り込み② D3

いざかやかわせみ

**陽気な女将と対馬の話で盛り上がる！**

　カウンターのほか、小上がりにテーブルが3卓のこぢんまりとした店。落ち着いた色調で小料理屋のような雰囲気だ。鮮度にこだわる刺身をはじめ、酒のつまみになる一品料理はおいしいと評判。地元の常連客の姿も多い。

上／刺身の盛り合わせ1200円　左下／日本酒や焼酎も揃う　右下／店内からにぎわう声が

🚌 観光情報館 ふれあい処つしまから徒歩約4分　🏠 対馬市厳原町大手橋1058-6　☎ (0920) 52-2006　🕐 17:45〜23:00 (L.O.22:30)　😴 日曜、第1・3・5月曜　💳 カード可　🅿 なし

## 🍲 居酒屋　エリア 厳原中心部　MAP 折り込み② C3

# まかない家
まかないや

### 郷土料理にこだわらない多様なメニュー

定番から創作系までメニューが豊富な、地元でも人気の居酒屋。観光客には地魚の刺身やアコヤ貝の天ぷら1100円、アラカブの唐揚げ2000円などがおすすめ。郷土料理のとんちゃんには、豚ホルモンのほか鶏皮も入る。

上/みそ味のとんちゃん770円　左下/刺身盛り合わせ1500円〜（写真は2人前）右下/路地にたたずむ

🚌 観光情報館 ふれあい処つしまから徒歩約4分　🏠 対馬市厳原町大手橋1066　☎ (0920) 52-1868　🕐 18:00〜22:00　休 不定休
カード 可　駐車場 なし

---

## 🍲 和食店　エリア 厳原郊外　MAP P.74C1

# うどん茶屋
うどんぢゃや

### うどんと一緒に鮮度抜群の魚介料理を！

名物は小麦が香るモチモチの手打ちうどんだが、店内には生けすもあり、新鮮な魚介の味にも定評がある。刺身、天ぷら、うどんを盛り合わせた天刺定食1900円など定食や丼が揃うほか、お刺身盛950円〜など一品料理もある。

上/海鮮丼セット1130円　左下/区切られたテーブルが並ぶ　右下/国道沿いの便利な店

🚌 観光情報館 ふれあい処つしまから車で約7分　🏠 対馬市厳原町小浦91-2　☎ (0920) 52-7177　🕐 11:00〜15:00 (L.O.14:30)、17:00〜20:30 (L.O.20:00、6〜9月はL.O.20:30)　休 不定休（おもに水曜）　駐車場 あり

---

## 🍲 居酒屋　エリア 厳原中心部　MAP 折り込み② C3

# だいぜん
だいぜん

### 多彩なメニューが集う常連に愛される店

居酒屋の定番メニューから中華料理、トンカツ定食など幅広いメニューが並ぶ。イカゲソ天700円はボリュームもたっぷり。旬の時期はイカ刺し1000円もおいしい。カウンターは常連でにぎわうが、小上がりもあり旅人にも優しい。

上/料理1品のボリュームが多いのでオーダーには気をつけて。左奥はとんちゃん700円　左/知識豊富なマスターと明るい女将さんが出迎えてくれる

🚌 観光情報館 ふれあい処つしまから徒歩約4分　🏠 対馬市厳原町田渕1026　☎ (0920) 52-7243　🕐 17:00〜23:00　休 月曜　駐車場 なし

---

## 🍲 食堂　エリア 厳原中心部　MAP 折り込み② C3

# つしにゃんキッチン
つしにゃんきっちん

### 対馬の食材をワンプレートで味わう

「観光情報館 ふれあい処つしま」に併設された、好ロケーションの食事処。地魚の刺身やアナゴカツ、ジビエなど対馬の食材をプレートランチで味わえる。藻塩ソフト400円ほかカフェメニューもあるので休憩にぴったり。

上/刺身やアナゴカツなどのおさかなづくし1800円　左下/対馬スペシャル2000円　右下/まずは食券を

🚌 観光情報館 ふれあい処つしま内　🏠 対馬市厳原町今屋敷672-1　☎ (0920) 52-1566　🕐 10:00〜16:30 (L.O.16:00)　休 木曜　駐車場 あり　📷 tsushinyankitchen

---

**voice** 対馬の郷土料理のなかで、濃厚な味付けを求めるなら「とんちゃん」がおすすめ。醤油や味噌ベースの甘辛いたれに豚肉を漬け、キャベツやモヤシなどの野菜と一緒に炒める。店によって肉の部位や味付けが異なるので、好みのとんちゃんを探すのも楽しそう！

## 居酒屋　エリア 厳原中心部　MAP 折り込み② C3

# お多幸
おたこう

**女将との会話を楽しむ厳原の名物店**

　先代女将の時代から、常連客に愛されてきた居酒屋。カウンターで女将との会話を楽しむのが定番だ。名物の一口かつ 880 円やチヂミ 800 円などが人気。

🚶 観光情報館 ふれあい処つしまから徒歩約3分　🏠 対馬市厳原町大手橋1072　📞 (0920) 52-2701　🕐 17:30～22:00　🛌 日曜　🅿 なし　URL otakou-tonkatsu.com

## バー　エリア 厳原中心部　MAP 折り込み② C2

# 風音家
かぜねや

**隠れ家のような居心地のいいバー**

　細い路地のドアを開けると、柔らかな光に包まれた居心地のいいバーが現れる。やまねこサンライズなどオリジナルカクテルのほか、フードメニューも充実。

🚶 観光情報館 ふれあい処つしまから徒歩約4分　🏠 対馬市厳原町田渕1021　📞 (0920) 52-2018　🕐 20:00～翌1:00　🛌 日曜、祝日　🅿 なし

## 蕎麦　エリア 厳原郊外　MAP P.74A1

# 体験であい塾 匠
たいけんであいじゅく たくみ

**地鶏のスープで味わう手打ちの対州そば**

　原種に近い対州そばが食べられる店。地鶏と対馬産シイタケを煮込んだうま味の深いスープも絶品だ。そば打ち体験（4 人まで4000 円）も行っている。

🚶 観光情報館 ふれあい処つしまから車で15分　🏠 対馬市厳原町下原82-12　📞 (0920) 56-0118　🕐 11:00～14:30　🛌 不定休　🅿 あり　URL www.tsushima-takumi.com

## おみやげ　エリア 厳原中心部　MAP 折り込み② C2

# 日本観光物産館
にほんかんこうぶっさんかん

**対馬のおみやげがひととおり揃う**

　ふれあい処つしまの向かいの建物の 2 階にあるみやげ物店。即席ろくべえやいりやき、対馬シイタケのほか、魚介加工品も揃う。営業時間が長いので便利。

🚶 観光情報館 ふれあい処つしまから徒歩約1分　🏠 対馬市厳原町今屋敷661-3　📞 (0920) 52-6558　🕐 9:00～20:00　🛌 なし　カード 可　🅿 あり

## ラーメン　エリア 厳原中心部　MAP 折り込み② C3

# あなぐらぁー
あなぐらぁー

**厳原でシメのラーメンといえばここ！**

　福岡県小郡に姉妹店をもつ。あっさり豚骨スープは、ストレートの麺と相性抜群。シンプルな中山ら～めん 700 円ほか、辛味噌がのるあなぐらぁ～麺 900 円も。

🚶 観光情報館 ふれあい処つしまから徒歩約2分　🏠 対馬市厳原町今屋敷747　📞 (0920) 53-5688　🕐 18:00～翌2:30 (L.O.2:00)　🛌 不定休　🅿 なし　URL anaguraa.com

## おみやげ　エリア 厳原中心部　MAP P.74C1

# 厳原港ターミナル売店
いづはらこうたーみなるばいてん

**おみやげや船内で食べるパンなどが並ぶ**

　厳原港ターミナルビルの中にある売店。かすまきや焼酎、冷凍のアナゴ、ハチミツの石鹸や T シャツなどが並ぶ。パンなどの軽食や飲み物も手に入る。

🚶 観光情報館 ふれあい処つしまから車で約4分　🏠 対馬市厳原町東里301-13　📞 (0920) 52-0793　🕐 船に合わせて営業～16:00　🛌 船が欠航のとき　🅿 あり

## ラーメン　エリア 厳原中心部　MAP 折り込み② C2

# 京都 いっけい
きょうと いっけい

**背脂のうま味が後を引く醤油ラーメン**

　醤油だれの鶏ガラスープに、ストレートの細麺を合わせたシンプルなラーメン 800 円～。量を選べる背脂とトウガラシがスープのアクセントになっている。

🚶 観光情報館 ふれあい処つしまから徒歩約3分　🏠 対馬市厳原町今屋敷693　📞 (0920) 52-8888　🕐 11:30～14:00、19:00～24:00※スープがなくなり次第終了　🛌 不定休　🅿 なし

## おみやげ　エリア 豆酘　MAP P.74A3

# 対馬産直の駅豆酘
つしまさんちょくのえきつつ

**豆酘の特産が一堂に会する**

　豆酘名産のスモモやミカンなど果物のジャムのほか、ワカメやシイタケ、ジビエなどご主人が自信をもってオススメする商品が並ぶ。豆酘の歴史に詳しいご主人の話もおもしろい。

🚶 観光情報館 ふれあい処つしまから車で約30分　🏠 対馬市厳原町豆酘2708　📞 080-8953-6105　🕐 8:00～16:00　🛌 なし　🅿 あり

**Voice**　豆酘にきたらぜひ「対馬産直の駅豆酘」に立ち寄ってみよう。店内には、ご主人の阿比留さん収集による戦前のコーラの瓶などのコレクションがあり、これらが対馬に流れ着いた興味深いエピソードを聞くことができる。

## 🎁 おみやげ エリア 厳原中心部　MAP 折り込み② C3

### ふれあい処つしま 特産品の間
ふれあいどころつしま とくさんひんのま

**対馬のおみやげを手に入れるならここへ**

　ふれあい処つしま内にあるおみやげ店。お菓子、調味料、冷凍商品、ハチミツやヒノキ製品、ツシマヤマネコアイテムやゴースト・オブ・ツシマ関連アイテムまで、あらゆるおみやげを手に取って見られる。

上／店内には食品から雑貨まで多数のおみやげが並ぶ　左下／冷凍食品の発送もできる　右下／便利な立地

🚍 観光情報館 ふれあい処つしま内　🏠 対馬市厳原町今屋敷672-1　☎ (0920) 52-1566　🕐 9:00〜18:00　🈳 なし　カード 可　駐車場 あり

---

## 🎁 革製品 エリア 厳原中心部　MAP 折り込み② C3

### daidai
だいだい

**害獣といわれるシカやイノシシを美しく再利用**

　対馬の山で深刻な問題となっているシカやイノシシ被害。daidaiでは、自然を守るために捕獲したシカやイノシシの肉や皮を再利用し、加工販売している。印鑑ケース1000円やヘアゴム800円など手頃なアイテムはおみやげにも。

上／革製品は一つひとつ風合いが異なるのが魅力　左下／工房を併設　右下／革細工の加工体験もできる

🚍 観光情報館 ふれあい処つしまから徒歩約3分　🏠 対馬市厳原町今屋敷731　🕐 なし　📧 HP掲載のメールアドレスへ確認　🈳 不定休　予約 必要　カード 可　駐車場 なし　URL www.daidai.or.jp

---

## 🎁 和菓子 エリア 厳原中心部　MAP P.74C1

### 渡辺菓子舗
わたなべかしほ

**1902年創業、伝統菓子を作り続ける老舗**

　郷土菓子のかすまきの名店。かすまき3本入り840円〜は、すべてその日に製造するというこだわり。売店に卸していないので、店舗でのみ購入できる。

🚍 観光情報館 ふれあい処つしまから車で約4分　🏠 対馬市厳原町桟原53　☎ (0920) 52-0571　🕐 7:00〜19:00　🈳 日曜　駐車場 あり

---

## 🎁 スーパーマーケット エリア 厳原中心部　MAP 折り込み② C2

### マックスバリュ 対馬いづはら店
まっくすばりゅ つしまいづはらてん

**長期滞在に便利なスーパー**

　ふれあい処つしまの向かいの建物の1階にあるアクセスが便利なスーパー。お弁当やパンのほか、地魚の刺身なども揃うので長期滞在の食材調達に便利だ。

🚍 観光情報館 ふれあい処つしまから徒歩約1分　🏠 対馬市厳原町今屋敷661-3　☎ (0920) 52-7387　🕐 9:00〜22:00　🈳 なし　カード 可　駐車場 あり

---

## 🎁 和菓子 エリア 厳原中心部　MAP 折り込み② C3

### 江崎泰平堂
えさきたいへいどう

**1890年からかすまきを作り続ける**

　1枚1枚焼き上げた生地で自家製餡を包み、ていねいに巻くかすまきは、優しい甘さでしみじみとおいしい。食べきりサイズのかすまきドラドラ80円も人気。

🚍 観光情報館 ふれあい処つしまから徒歩約3分　🏠 対馬市厳原町今屋敷742　☎ (0920) 52-0315　🕐 7:00〜18:00 (日曜は〜14:30)　🈳 不定休　駐車場 なし

---

## 🎁 書店 エリア 厳原中心部　MAP 折り込み② C3

### 大西書店
おおにししょてん

**対馬関連の本が豊富**

　厳原の町なかにあるこぢんまりとした書店。一角に対馬関連コーナーがあり、歴史書、郷土の本から小説など、島に関連する書籍がずらりと並ぶ。

🚍 観光情報館 ふれあい処つしまから徒歩約3分　🏠 対馬市厳原町大手橋1042　☎ (0920) 52-0278　🕐 8:00〜21:00　🈳 なし　カード 可　駐車場 あり

---

**voice** おしゃれな革製品が並ぶdaidai。とてもおすすめなのだが、店舗にスタッフが不在のことが多い。残念ながら店舗が休みなら、対馬空港の売店でも、名刺入れ、印鑑ケースなどの製品が手に入る。どうしても店舗で商品が見たいなら、店舗に営業を確認しておくのが安全だ。

## 🏨 ホテル　エリア 厳原中心部　MAP 折り込み② C2

# 東横INN 対馬厳原
とうよこいんつしまいづはら

**厳原の町を見渡す14階建ての高層ホテル**

　厳原の中心地にそびえる14階建て、245室のビジネスホテル。シングル、ダブル、ツインから選べる客室は白を基調とし、デスクが備わるなどシンプルながら使いやすい。朝食は1階のロビーでビュッフェが用意される。

上／目の前にスーパーがあるほか、八幡宮神社や観光情報館に近く観光に便利　左／対馬で最も客室数の多いホテル。シンプルなデザインの客室で快適に過ごせる

🚶 観光情報館 ふれあい処つしまから徒歩約2分　🏠 対馬市厳原町今屋敷771-1　☎(0920)53-6145　🍴 朝4650円〜　客室数 245室　カード 可　駐車場 あり　URL www.toyoko-inn.com/search/detail/00268

## 🏨 ホテル　エリア 厳原中心部　MAP 折り込み② C3

# ツタヤホテル
つたやほてる

**レトロモダンな客室は、全室ダブルで広々**

　食事処やコンビニが集まる川端通りのホテル。客室はツインまたはダブルベッドで、ユニットバス完備。広めの室内でのんびり過ごせる。料理がおいしいことで知られ、朝は和食を用意。夜は和食と中華料理から選べる。

上／広々としたツイン　左下／朝食は島の干物が楽しみ　右下／川沿いの好立地にある

🚶 観光情報館 ふれあい処つしまから徒歩約3分　🏠 対馬市厳原町大手橋1053　☎(0920)52-0806　🍴 素6000円〜、朝夕6880円〜、朝夕8200円〜　客室数 22室　カード 可　駐車場 あり

## 🏨 ホテル　エリア 厳原中心部　MAP 折り込み② C2

# ホテル ベルフォーレ
ほてる べるふぉーれ

**石垣が印象的な城下町のシティホテル**

　対馬博物館から徒歩2〜3分の、武家屋敷通りに立つホテル。客室にはベッドのほかデスクが備わり、全室にユニットバスが付く。広めのツインルームはソファでくつろげるのがうれしい。朝食は和食と洋食から選べる。

上／対馬博物館や万松院まで歩ける立地だが、周辺は城下町の石垣が残る落ち着いた雰囲気　左／天井や壁を白で統一した清潔感のある客室

🚶 観光情報館 ふれあい処つしまから徒歩約3分　🏠 対馬市厳原町今屋敷660　☎(0920)52-1301　🍴 素4500円〜、朝5300円〜　客室数 21室　カード 可　駐車場 あり　URL belle-foret.com

## 🏨 ホテル　エリア 厳原中心部　MAP 折り込み② C3

# ホテル金石館
ほてるきんせきかん

**港から徒歩5分の便利なロケーション**

　厳原の繁華街のなかでも、最も港寄りに立つビジネスホテル。シングル47室、ツイン1室で、全室バスとトイレ付き。シングルが多いのでひとり旅の利用者が多い。ホテル内のレストランでビュッフェの朝食が食べられる。

上／対馬では客室の多いホテルのひとつ。徒歩数分のところに居酒屋やカフェが何軒もあるので食事には困らない　左／ビジネスユースが多く、長期滞在のゲストの姿も

🚶 観光情報館 ふれあい処つしまから徒歩約3分　🏠 対馬市厳原町今屋敷739　☎(0920)52-0154　🍴 素6050円〜、朝6930円〜、朝夕7040円〜　客室数 48室　カード 可　駐車場 あり

**voice** 対馬の宿泊施設や居酒屋は料理がとてもおいしいが、外で食べたくない日はテイクアウトを利用するのもあり。スーパーの弁当や総菜のほか、寿司店や居酒屋、カフェなどでもテイクアウトができ、どれもおいしい。→P.26

## 🏨 ホテル ［エリア］厳原中心部 ［MAP］折り込み② C3

### ゲストハウス島びより
げすとはうすしまびより

**共有スペースの雰囲気がいい古民家宿**

　古民家をモダンに改装した全5部屋の宿。トイレや洗面台、シャワールームは共有で、1階と2階にそれぞれ設置されている。またテーブルやソファが置かれた談話スペースやキッチン、冷蔵庫などが備わり自炊も楽しめる。

上／1階の共有スペース
左下／グループ個室もあり
右下／川端通りまですぐの好立地

🚌 観光情報館 ふれあい処つしまから徒歩約2分　🏠 対馬市厳原町今屋敷733　☎ (0920) 52-1129　💴 素3500円〜　🛏 客室数 5室　🅿 あり　URL www.sun.tcctv.ne.jp/shimabiyori/

---

## 🏨 旅館 ［エリア］厳原中心部 ［MAP］折り込み② C2

### 万松閣
ばんしょうかく

**グループでも泊まれる和風旅館**

　昔ながらの旅館といった風情のレトロな宿。ベッドを2台配した和洋室と、約10畳の和室を用意している。どちらもバス、トイレを完備しており快適だ。朝食は焼き魚を中心とした和食。夕食は徒歩圏内に食事処が点在する。

上／広い和洋室。グループの場合は、和室スペースに布団を敷くこともできる　左／雰囲気のいいエントランス。隣に人気のコーヒー店「YELLOW BASE COFFEE」がある

🚌 観光情報館 ふれあい処つしまから徒歩約4分　🏠 対馬市厳原町田淵808　☎ (0920) 52-0021　💴 素4500円〜、朝5500円〜　🛏 客室数 10室　カード 可　🅿 あり　URL banshoukaku-tsushima.com

---

## 🏨 ホテル ［エリア］厳原中心部 ［MAP］折り込み② C2

### ホテル対馬
ほてるつしま

**シングルからトリプルまであり家族旅行にも**

　風情ある厳原の川端通りに面して立つビジネスホテル。シングル、ダブル、トリプルがあり、グループにもいい。1階にはレンタカー会社があり便利だ。周囲に飲食店やコンビニエンスストアがあるので、食事にも困らない。

上／シングルルーム。大きなソファがあり、くつろげる　左／駐車場は先着13台まで無料。和定食の朝食はおいしいと評判だ

🚌 観光情報館 ふれあい処つしまから徒歩約4分　🏠 対馬市厳原町今屋敷765　☎ (0920) 52-7711　💴 素4000円〜　🛏 客室数 49室　🅿 あり　カード 可　URL hoteltsushima.com

---

## 🏨 ホテル ［エリア］厳原中心部 ［MAP］折り込み② B3

### 対馬セントラルパクホテル
つしませんとらるぱくほてる

**機能的できれいなシティホテル**

　新築で清潔感のあるビジネスホテル。ツインを中心に、ダブルやトリプルを用意。朝食は1000円で別途オーダーできる。町なかの便利な立地だ。

🚌 観光情報館 ふれあい処つしまから徒歩約2分　🏠 対馬市厳原町国分1369-1　☎ (0920) 52-9988　💴 素5000円〜　🛏 客室数 34室　🅿 あり　カード 可

---

## 🏨 ホテル ［エリア］厳原中心部 ［MAP］折り込み② C3

### シーサイドホテル HAMAYU
しーさいどほてるはまゆう

**観光に便利なノスタルジックな宿**

　どこへ行くにも便利な、川端通りのビジネスホテル。和室と洋室があり、どちらもオーソドックスなデザインで過ごしやすい。全室にトイレとバスが備わる。

🚌 観光情報館 ふれあい処つしまから徒歩約3分　🏠 対馬市厳原町大手橋1048　☎ (0920) 52-2769　💴 素5800円〜　🛏 客室数 20室　🅿 あり　カード 可　URL hamayu-hotel.com

---

Voice 対馬の宿泊施設は、エレベーターが備わっていないことが多いので、重い荷物を持っていく人は要注意。家族旅行などで荷物が多い場合は、ふたつに分けるなどパッキングに工夫しよう。

# 美津島、豊玉、峰

（みつしま　とよたま　みね）

空港がある美津島から北へ豊玉、峰と続く中部エリア。美津島の雞知（けち）地区は、大型スーパーやドラッグストアが集まり暮らしやすい。対馬を代表する観光スポットが点在しレンタカーや観光バスが多く走る。

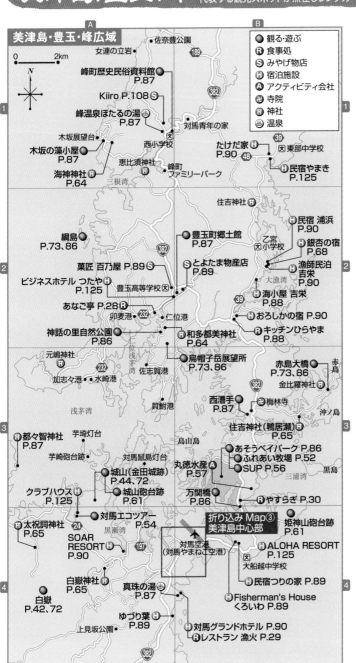

**美津島・豊玉・峰広域**

0　2km

凡例
- Ⓟ 観る・遊ぶ
- Ⓡ 食事処
- Ⓢ みやげ物店
- Ⓗ 宿泊施設
- Ⓐ アクティビティ会社
- 卍 寺院
- Ⓗ 神社
- ♨ 温泉

女連の立岩
佐奈豊公園
峰町歴史民俗資料館 P.87
Kiiro P.108 Ⓢ
峰温泉ほたるの湯 P.87
木坂展望台　対馬青年の家
木坂の藻小屋 P.87　西小学校
海神神社 P.64　恵比須神社　峰町ファミリーパーク
三根湾
たけだ家 P.90　東部中学校
民宿やまき P.125
住吉神社
民宿 浦浜 P.90
乙宮小学校
綱島 P.73、86　豊玉町郷土館 P.87
銀杏の宿 P.68
菓匠 百乃屋 P.89　とよたま物産店 P.89
漁師民泊 吉栄 P.90
ビジネスホテル つたや P.125
豊玉高等学校
大漁湾
海小屋 吉栄 P.88
あなご亭 P.28　卯麦港　仁位港
おろしかの宿 P.90
神話の里自然公園 P.86
和多都美神社 P.64
キッチンひらやま P.88
元嶋神社　烏帽子岳展望所 P.73、86
赤島大橋 P.73、86　赤島
加志々港　水崎港
金比羅神社 P.61
貝鮒港　西漕手 P.87　梅林寺　沖ノ島
浅茅湾
住吉神社（鴨居瀬） P.65
都々智神社 P.87　あそうベイパーク P.86
芋埼灯台　島山島　ふれあい牧場 P.52
芋崎砲台跡　丸徳水産 Ⓐ P.57　SUP P.56
対馬鼠島灯台　黒島
城山（金田城跡） P.44、72
クラブハウス P.125　三浦湾
城山砲台跡 P.61　万関橋 P.86　やすらぎ P.30
対馬エコツアー P.54
折り込み Map③ 美津島中心部
太祝詞神社 P.65　姫神山砲台跡 P.61
黒瀬湾
SOAR RESORT P.90
対馬空港（対馬やまねこ空港）
ALOHA RESORT P.125
白嶽神社 P.65　大船越中学校
真珠の湯 P.87　民宿つりの家 P.89
白嶽 P.42、72　Fisherman's House くろいわ P.89
ゆづり葉 P.89　対馬グランドホテル P.90
上見坂公園　レストラン 漁火 P.29

---

## 観る・遊ぶ

### 対馬を代表する観光スポットが集中

白嶽や城山（金田城跡）、浅茅湾といった人気のアクティビティのフィールドが集まるほか、万関橋や烏帽子岳展望所、和多都美神社、海神神社などの主要観光スポットが点在。広大なエリアなので移動時間に余裕をもって。

## 食べる・飲む

### 空港周辺以外はほとんど飲食店はない

美津島の雞知（けち）地区には、食事処がいくつか集まっているが、それより北は選択肢が限られる。特に豊玉の「キッチンひらやま」や「海小屋 吉栄」あたりを過ぎると、飲食店がほとんどなくなるので注意して。

## 買う

### 滞在中に一度は寄りたい美津島の大型スーパー

島の食材を使った加工品やお菓子は「サイキバリュー 美津島店」の品揃えが豊富。対馬空港から車で約2分なので、帰る前に立ち寄るにも便利だ。また「対馬空港売店」にも、島の名産品が揃っている。

## 泊まる

### おいしい料理自慢の小さな民宿が多い

美津島の「対馬グランドホテル」や「SOAR RESORT」といった大型ホテル以外は、民宿が一般的。どこも新鮮な魚介を中心に、島の食材を使った料理を食べさせてくれる。体験型の民泊も点在している。

Voice ＜「サイキバリュー 美津島店」を運営する株式会社サイキは対馬の会社。美津島店以外に豊玉店と厳原の久田店を展開する。なかでも規模の大きい美津島店は、寿司や弁当、パンなどが豊富なので、ランチを取り損ねたときにも重宝する。

## 📷 展望台　エリア 豊玉　MAP P.85A2

# 烏帽子岳展望所
えぼしだけてんぼうじょ

### 浅茅湾を見渡す島内随一の展望台

入り組んだ海岸線と無人島からなる浅茅湾。その北岸にそびえる標高176mの烏帽子岳は、展望台から芸術的なリアス海岸を望む絶景スポット。東に対馬海峡、西に朝鮮海峡が広がり、周辺を覆う山地の壮大さに圧倒される。

上/日本有数のリアス海岸　左下/山頂に展望台が　右下/駐車場から階段を上り山頂へ

🚗 対馬空港から車で約50分　🏠 対馬市豊玉町仁位380
🅿️ あり

---

## 📷 景勝地　エリア 豊玉　MAP P.85A2

# 綱島
つなしま

### 朝鮮海峡に沈むロマンティックな夕日

豊玉の西海岸、小綱湾に浮かぶ榎島、中島、神島をまとめて綱島と呼ぶ。夕日の名所として知られ、島々の間に落ちる夕日は感動的な美しさ。1979年に「長崎新観光百選」に選ばれた。

🚗 対馬空港から車で約50分　🏠 対馬市豊玉町小綱　🅿️ なし
※防風柵があるので磯に下りて見学を。足元が悪いので注意

---

## 📷 公園　エリア 美津島　MAP P.85B3

# あそうベイパーク
あそうべいぱーく

### 浅茅湾に面した対州馬に会える公園

アスレチックやキャンプ場、対州馬を飼育する牧場、シーカヤック乗り場などがある総合公園。虫や鳥などの観察にも最適。希望の丘からは浅茅湾を眺められる。

🚗 対馬空港から車で約10分　🏠 対馬市美津島町大山584-1
☎ (0920) 54-4994　🕐 9:00～18:00 (7～9月は～19:00)
🈺 なし　🅿️ あり　🔗 asoubaypark.com

---

## 📷 景勝地　エリア 美津島　MAP P.85B4

# 万関橋
まんぜきばし

### 上島と下島を結ぶ対馬のシンボル

西の浅茅湾と東の三浦湾をつなぐ久須保水道（万関瀬戸）に架かる朱色の橋。万関瀬戸は、ロシアの南下に備えて水雷艇を対馬海峡の東水道に出撃させるため、1900年に日本海軍が開削したもの。現在の橋は3代目。

上/国道382号にあり上下島を結ぶ　左下/南側に駐車場が　右下/橋の下の万関瀬戸が美しい

🚗 対馬空港から車で約10分　🏠 対馬市美津島町久須保
🅿️ なし

---

## 📷 景勝地　エリア 美津島　MAP P.85B3

# 赤島大橋
あかしまおおはし

### 知る人ぞ知る写真映えスポット

中部の東側に浮かぶ沖ノ島と赤島を結ぶ橋。眼下にターコイズブルーの海が広がり、その美しさは対馬随一と評される。週末になると、周辺で釣りを楽しむ島の人たちの姿が見られる。

🚗 対馬空港から車で約30分　🏠 対馬市美津島町鴨居瀬赤島
🅿️ なし

---

## 📷 公園　エリア 豊玉　MAP P.85A2

# 神話の里自然公園
しんわのさとしぜんこうえん

### 海と森に挟まれた自然公園

和多都美神社を通り越し、1分ほど進んだ所にある自然公園。烏帽子岳の中腹にあたり、森に囲まれたのどかな雰囲気。キャンプ場や複合遊具などが揃う。

🚗 対馬空港から車で約40分　🏠 対馬市豊玉町仁位51-1
🅿️ あり

---

**voice** 絶景を楽しめる展望台は、山道を上ってアクセスすることが多い。道が細く、クネクネと曲がっていることもあるので運転には細心の注意を。特に夕方以降は道幅がわかりにくいので速度を落とそう。急に飛び出す動物にも気をつけて。

## 史跡　エリア 峰　MAP P.85A1

# 木坂の藻小屋
きさかのもごや

### 海岸の浜石を積み上げた倉庫

かつて周辺の村の人々が、畑の肥料にする藻を蓄えた石積みの納屋。屋根は復元されたものだが、浜石を積んだ壁は当時のまま。舟を使わないときに格納したため舟屋とも呼ばれる。

🚗 対馬空港から車で約50分　🏠 対馬市峰町木坂17-1　🅿 あり

## 史跡　エリア 美津島　MAP P.85B3

# 西漕手
にしのこいで

### 浅茅湾の最奥にたたずむ港跡

遣唐使や遣新羅使の時代、東の三浦湾から、西の漕出までは160mほどしかなかった。使節団は小船越で下船し、小さな船の場合は運び、大きな船の場合は島を横断して船を乗り換えた。

🚗 対馬空港から車で約15分　🏠 対馬市美津島町小船越　🅿 あり

## 神社　エリア 美津島　MAP P.85A3

# 都々智神社
つつちじんじゃ

### 波に洗われる幻想的な海中鳥居

尾崎地区の氏神であり、古くは「津口の神社」と呼ばれた式内社。海上安全の神として周囲の人々から崇敬されている。かつては郷崎に鎮座したが、2020年に新社殿に遷座された。

🚗 対馬空港から車で約27分　🏠 対馬市美津島町尾崎562　🅿 あり

## 神社　エリア 美津島　MAP 折り込み③ A2

# 住吉神社（雞知）
すみよしじんじゃ（けち）

### 海神を祀る由緒正しき式内社

広い境内に神木が立ち、背後に森が茂る神秘的な雰囲気。境内の横を流れる雞知川は、かつては海上交通の拠点だった。時代は不明だが、鴨居瀬の住吉神社から遷座したと伝わる。

🚗 対馬空港から車で約3分　🏠 対馬市美津島町雞知甲1281　🅿 なし

## 資料館　エリア 豊玉　MAP P.85B2

# 豊玉町郷土館
とよたまちょうきょうどかん

### 豊玉に集中する遺跡の出土品を展示

縄文時代〜古墳時代の遺跡から出土した遺物を中心に展示。貴重な朝鮮系の青銅器のレプリカもある。昔の島の生活がわかる展示では、現代の生活と比べながら見るのも楽しい。

🚗 対馬空港から車で約30分　🏠 対馬市豊玉町仁位370　📞 (0920) 58-0062　🕐 9:00〜17:00　休 なし　料 無料　🅿 あり

## 資料館　エリア 峰　MAP P.85A1

# 峰町歴史民俗資料館
みねまちれきしみんぞくしりょうかん

### 他地域との交流がうかがえる考古資料を展示

峰町の遺跡から出土した遺物のほか、峰町各地で使用された衣食住に関わる道具や農機具などを展示している。佐賀貝塚から出土した鹿笛は、貴重な考古資料として注目されている。

🚗 対馬空港から車で約40分　🏠 対馬市峰町三根451　📞 (0920) 83-0151　🕐 9:00〜17:00　休 なし　料 無料　🅿 あり

## 温泉　エリア 美津島　MAP P.85B4

# 真珠の湯
たまのゆ

### 地元客も多い、対馬初の温泉施設

対馬グランドホテルの敷地内にある、内湯のみの小さな温泉。1996年に開業した対馬で最初の温泉施設で、地元の人たちも訪れる素朴な雰囲気が落ち着く。

🚗 対馬空港から車で約10分　🏠 対馬市美津島町雞知甲41-10　📞 (0920) 54-2391　🕐 10:00〜20:00　休 月曜　料 400円、小中学生150円　🅿 あり

## 温泉　エリア 峰　MAP P.85A1

# 峰温泉ほたるの湯
みねおんせんほたるのゆ

### ホタルが舞う清流沿いの温泉

良質な湯が豊富に湧き出る源泉かけ流しの温泉。共同風呂のほか貸し切り風呂も利用できる。近くを流れる三根川はホタルが見られる清流として知られる。

🚗 対馬空港から車で約40分　🏠 対馬市峰町三根65　📞 (0920) 83-0313　🕐 13:00〜21:00　休 火・金曜　料 450円、小中学生150円　🅿 あり

VOICE〈 峰町歴史民俗資料館の前に展示された「鹿ノ浦の石灰岩」は、峰町の鹿ノ浦海岸で2004年に見つかったもの。岩にはメタンガスをエネルギーに変える二枚貝が密集しており、この岩ができた4500万年前の海底にはメタンガスが噴出していたことがわかる。

## 🍜 蕎麦　　エリア 美津島　MAP 折り込み③ A1

### そば道場 美津島店
（そばどうじょう みつしまてん）

**対州そばを中心に郷土料理が味わえる**

　自社栽培の手打ち対州そばをはじめ、サツマイモのデンプンから作ったろくべえやせんそば、とんちゃんなど郷土料理が揃う。天ぷら1200円やとんかつ1000円、イノシシ肉1400円などの定食もあり、ランチに重宝する。

上／香りのいいもりそば650円　左下／ろくべえ900円　右下／テーブル席のほか座敷も

🚗 対馬空港から車で約2分　🏠 対馬市美津島町雞知乙461-6
📞 (0920) 54-8311　🕐 11:00〜15:00　休 木曜　🅿 あり
URL sakusyoku.com/mitsushima

---

## 🍜 食堂　　エリア 豊玉　MAP P.85B2

### 海小屋 吉栄
（うみごや よしえい）

**大漁（おろしか）湾を眺めながら絶品魚介類を味わう**

　イカ漁師のご家族が営む料理店。煮穴子丼1500円や穴子カツ980円などのアナゴ料理や、島の海鮮とトマトソースを自家製窯で焼き上げた対馬シーフードピザ2500円がおすすめ。海鮮定食1100〜3300円は要予約。

上／ピザはテイクアウトも人気　左下／テラスでBBQができる（要予約）　右下／12〜4月はカキが登場（要予約）

🚗 対馬空港から車で約25分　🏠 対馬市豊玉町千尋藻73-1
📞 (0920) 58-0102　🕐 11:00〜14:00、夜は予約のみ18:00〜22:00 (L.O.21:30)　休 水曜（不定休あり）　🅿 あり

---

## 🍖 焼肉　　エリア 美津島　MAP 折り込み③ A2

### 猪鹿鳥
（いのしかちょう）

**対馬の山で育ったジビエを焼肉で味わう**

　害獣として駆除されるイノシシとシカを、焼肉で食べられる貴重な店。基本メニューはイノシシの焼肉ランチ800円のみ。単品でシカ肉500円とイノシシ肉500円、野菜300円を追加できる。イノシシ肉の上品な味にびっくり。

上／手前がイノシシ肉、奥が追加のシカ肉　左下／店内は広々　右下／空港近くにあり寄りやすい

🚗 対馬空港から車で約2分　🏠 対馬市美津島町雞知乙486
📞 090-9072-9927　🕐 11:00〜14:00 (L.O.13:40) ※夜は要予約
休 不定休　🅿 あり

---

## 🍜 食堂　　エリア 豊玉　MAP P.85B2

### キッチンひらやま
（きっちんひらやま）

**ドライブ途中の食事にぴったり**

　ランチ営業している店が少ない豊玉で、観光客も立ち寄りやすい食事処。おいしいと評判のちゃんぽん950円のほか、定食や丼、うどんなどが揃っている。

🚗 対馬空港から車で約20分　🏠 対馬市豊玉町鑓川16-1
📞 (0920) 58-1285　🕐 11:00〜15:00 (L.O.14:00)、17:30〜22:00 (L.O.21:00)　休 火曜　🅿 あり

---

## 🎁 ベーカリー　　エリア 美津島　MAP 折り込み③ A2

### 石窯パン工房 大地のめぐみ
（いしがまぱんこうぼう だいちのめぐみ）

**フランスパンから菓子パンまで焼きたてがずらり**

　サイキバリュー美津島店の隣にあるかわいい建物が目印。総菜パンや菓子パンが豊富で、朝食やビーチでのランチにちょうどいい。店内の一角にイートインスペースもある。

🚗 対馬空港から車で約2分　🏠 対馬市美津島町雞知乙520-38
📞 (0920) 54-2535　🕐 8:00〜18:00　休 なし　🅿 あり

---

**voice** 対馬の対州そばは、大陸から伝わった原種に近い特性を残している。小粒で香り高いのが特徴で、つなぎなしの十割そばで手打ちするのが対馬流。地鶏やシイタケからとったスープで食べる。

## スーパーマーケット エリア 美津島 MAP 折り込み③ A2
### サイキバリュー 美津島店
さいきばりゅー みつしまてん

**一度は寄りたい食品みやげの宝庫**

対馬に3店舗を展開するスーパー。生産者直売所に鮮魚や野菜などが並ぶ。冷凍のとんちゃんやいりやきをはじめ、レトルト食品やお菓子、酒なども揃う。

🚃 対馬空港から車で約2分　🏠 対馬市美津島町雞知乙505-1
☎ (0920) 54-3334　🕐 9:00〜22:00　休 なし　カード 可
🅿 あり　URL www.saikinet.co.jp

## 和菓子 エリア 豊玉 MAP P.85A2
### 菓匠 百乃屋
かしょう もものや

**手頃なサイズのこまきが大ヒット**

郷土菓子のかすまき。従来の3分の1程度の大きさのこまき1個130円が食べやすく人気。チョコやコーヒーを使った洋風のkomakiなど変わり種もある。

🚃 対馬空港から車で約30分　🏠 対馬市豊玉町仁位1323
☎ (0920) 58-0020　🕐 9:00〜16:30　休 不定休　🅿 あり
URL momonoya.jp

## 特産品 エリア 美津島 MAP 折り込み③ A2
### JA 対馬 潮菜館みつしま店
じぇいえいつしま しおさいかんみつしまてん

**新鮮な野菜や果物が並ぶ直売所**

生産者の顔が見える野菜やフルーツが買える農協の直売所。季節の野菜のほか、ジャムやドレッシングなどの調味料も豊富。冷凍の水産加工品も購入できる。

🚃 対馬空港から車で約1分　🏠 対馬市美津島町雞知乙386-1
☎ (0920) 54-2005　🕐 9:00〜17:00 (日曜は〜15:00)　休 なし

## 一棟貸し エリア 美津島 MAP P.85A4
### ゆづり葉
ゆづりは

**テラスから海を一望する絶景宿**

空港から車で約7分の高台に立つ一棟貸しの宿。窓の外には無人島が浮かぶ大海原が広がり贅沢な時間をひとり占め。7LDKなので家族や仲間と泊まりたい。

🚃 対馬空港から車で約7分　🏠 対馬市美津島町根緒9-8
☎ 090-8663-6262　💴 1棟5万5000円〜、2組シェア素8800円〜
室数 1棟　カード 可　🅿 あり　URL yuzuriha-oceans.com

## 特産品 エリア 豊玉 MAP P.85B2
### とよたま物産店
とよたまぶっさんてん

**対馬の海と山の恵みがいっぱい**

乾燥シイタケや焼酎、水産加工品など対馬の特産品が並ぶ直売所。ケンサキイカの一夜干し540円や煮アナゴ1296円など冷凍食品も揃っており、おみやげにぴったり。

🚃 対馬空港から車で約25分　🏠 対馬市豊玉町仁位988-7
☎ (0920) 58-8030　🕐 9:00〜18:00　休 第1日曜　🅿 あり

## ペンション エリア 美津島 MAP P.85B4
### Fisherman's House くろいわ
ふぃっしゃーまんず はうす くろいわ

**地元でも評判の、魚がおいしい宿**

釣り人に人気の宿だが、旬の魚を使った料理がおいしく、観光やビジネスで利用する常連も多い。和室と洋室があり、洋室は風呂付き。トイレはどちらも共有。

🚃 対馬空港から車で約4分　🏠 対馬市美津島町大船越354
☎ (0920) 54-2086　💴 朝5000円〜、朝夕1万285円〜
室数 14室　カード 可　🅿 あり　URL www.newkuroiwa.com

## 特産品 エリア 美津島 MAP 折り込み③ B1
### 対馬空港売店
つしまくうこうばいてん

**買い忘れたおみやげは空港で!**

対馬空港の2階にある売店。水産加工品から調味料やお菓子まで定番みやげが並ぶ。アクセサリーや雑貨、民芸品などの品揃えが豊富なのもありがたい。

🚃 対馬空港2階　🏠 対馬市美津島町雞知乙440　(0920) 54-4606　🕐 8:00〜19:00　休 なし　カード 可　🅿 あり
URL tsushima-airport.communitymall.jp

## 民宿 エリア 美津島 MAP P.85B4
### 民宿つりの家
みんしゅくつりのいえ

**初心者でも楽しめる釣り体験**

対馬の海を知り尽くした、元漁師のご主人が釣りのサポートをしてくれる宿。魚介や郷土料理のおいしさにも定評があり、釣り客以外の利用も。広い部屋も快適。

🚃 対馬空港から車で約4分　🏠 対馬市美津島町大船越418
☎ (0920) 54-2711　💴 朝5500円、朝夕7700円〜　室数 12室
URL turinoie.com

**Voice** 対馬銘菓のかすまきは、ふわふわのカステラ生地で小豆餡を巻いた和菓子。江戸時代に参勤交代から戻った藩主に献上したそう。島内の和菓子店で購入できるが、店によって味が異なるのでお気に入りを探してみて。

## 🏨 ホテル　エリア 美津島　MAP P.85B4

# 対馬グランドホテル
つしまぐらんどほてる

### 対馬海峡を望む、島随一のリゾートホテル

　島の人々も冠婚葬祭で利用する格式あるホテル。客室はツインから5人で利用できる和洋室、離れのロッジまで多彩。郷土料理や本格的な洋食が味わえるレストランや天然温泉もあり、快適な島の休日が約束されている。

上／海を望むツインルーム
左下／海に面し景色も抜群
右下／満開の桜に彩られる春もおすすめの季節

🚌 対馬空港から車で約10分　🏠 対馬市美津島町雞知甲41-10　📞 (0920) 54-9100　💰 朝1万1000円～、朝夕1万5400円～　客室数 23室　カード 可　駐車場 あり　URL tsushima-grandhotel.com

---

## 🏨 ホテル　エリア 美津島　MAP P.85A4

# SOAR RESORT
そある りぞーと

### 静かな森の中のリゾートホテル

　白嶽がそびえる洲藻地区にあるホテル。深く切れ込んだ洲藻浦に面し、浅茅湾へのアクセスもいい。客室は使い勝手のいい和室。露天付きの大浴場が快適だ。

🚌 対馬空港から車で約8分　🏠 対馬市美津島町洲藻46-1　📞 (0920) 54-8802　💰 素8000円～、朝9000円～、朝夕1万1000円～　客室数 50室　カード 可　駐車場 あり　URL soar-resort.com

---

## 🏨 ホテル　エリア 美津島　MAP 折り込み③ A2

# ホテル空港INN
ほてるくうこういん

### 空港至近のビジネスホテル

　空港から車で約2分。美津島の中心地に立ち、スーパーまで徒歩5分と中部観光に便利なホテル。種類が豊富な料理はボリュームもあって満足感ある。

🚌 対馬空港から車で約2分　🏠 対馬市美津島町雞知乙362-1　📞 (0920) 54-3329　💰 素4950円～、朝5720円～、朝夕7370円～　客室数 36室　カード 可

---

## 🏠 民宿　エリア 豊玉　MAP P.85B2

# 漁師民泊 吉栄
りょうしみんぱく よしえい

### 「ただいま」と訪れるアットホームな宿

　「海小屋 吉栄」のオーナー一家が営む民泊。注目はなんといってもイカ漁師ならではの食事。刺身はもちろんゲソのかき揚げなどイカと地魚が楽しめる。

🚌 対馬空港から車で約30分　🏠 対馬市豊玉町千尋藻240-2　📞 (0920) 58-0265　💰 朝夕8580円～　客室数 3室　駐車場 あり　URL www.umigoyayoshiei.online

---

## 🏠 民宿　エリア 峰　MAP P.85B1

# たけだ家
たけだや

### 自宅のようにくつろげる宿

　島の中央部に立つアットホームなゲストハウス。居心地のいい部屋は4室。1階に食事処「たけちゃん」があるほか、海釣り体験などが人気の民泊も経営する。

🚌 対馬空港から車で約33分　🏠 対馬市峰町佐賀538　📞 (0920) 82-0100　💰 素4000円～、朝4500円～、朝夕6500円～　客室数 4室　駐車場 あり

---

## 🏠 民宿　エリア 豊玉　MAP P.85B2

# おろしかの宿
おろしかのやど

### 各種体験も楽しみな民宿

　大漁（おろしか）湾に面した小さな宿。郷土料理や釣りなどの体験が人気だ。宿を切り盛りするご夫婦との会話も楽しみ。島の食材を使った料理は絶品。

🚌 対馬空港から車で約22分　🏠 対馬市豊玉町横浦451-3　📞 (0920) 85-1755　💰 朝7400円～、朝夕9800円～　客室数 3室　駐車場 あり

---

## 🏠 民宿　エリア 豊玉　MAP P.85B2

# 民宿 浦浜
みんしゅく うらはま

### 目の前に海が広がる漁村で過ごす

　東海岸の静かな漁村、千尋藻に立つ日本家屋。千尋藻港は県内有数のイカの漁獲量を誇り、自慢のイカをはじめ旬の魚や自家栽培の野菜を食べさせてくれる。

🚌 対馬空港から車で約27分　🏠 対馬市豊玉町千尋藻270-1　📞 (0920) 58-0272　💰 素5000円～、朝5500円～、朝夕7500円～　客室数 3室　駐車場 あり　URL www.urahama.jp

Voice＜ 対馬グランドホテルの「レストラン 漁火」は本格料理が味わえ、地元の人にも人気。とんちゃん弁当やとんかつセットなどテイクアウトメニューも用意しているのでHPをチェック。テラスで夏場開催されるビアガーデンも好評だ。

# 上対馬、上県 <small>かみつしま、かみあがた</small>

対馬を南北に貫く国道382号を車で走ると、上県から上対馬まではほとんどが山地ということがわかる。自然が豊かで、ツシマヤマネコもよく出没するエリア。北端から韓国の釜山までは直線で49.5kmしか離れていない。

## 観る・遊ぶ
### 雄大な自然に恵まれ美景スポットが豊富
「日本の渚100選」に選ばれた三宇田浜海水浴場をはじめ、美しいビーチが点在。韓国展望所や異国の見える丘展望所は、気象条件が揃うと韓国が見えることで知られる。

## 食べる・飲む
### 比田勝の居酒屋で島の人と乾杯〜♪
比田勝の中心部には居酒屋や寿司店が集まり、島の食材を味わえる。それ以外は、観光客が立ち寄れそうなのは上県の「そば道場 あがたの里」ほか数軒。

## 買う
### 名産品やお菓子は帰りの空港やスーパーで
定番みやげが揃う店はないので、空港や港の売店、スーパーを利用する。食事処や宿泊施設に売店が併設されていれば、オリジナル商品が買えることも。

## 泊まる
### 比田勝周辺にホテルや旅館が集まる
比田勝中心部には旅館や民宿、ゲストハウスなどがあり、徒歩圏内に食事処も多いので便利。また三宇田浜海水浴場周辺にも大型ホテルやペンションがある。

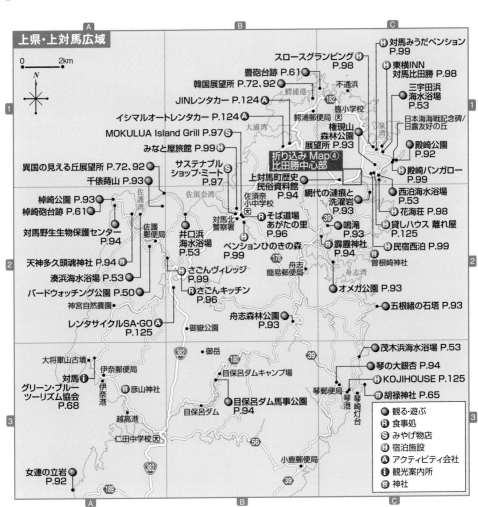

上県・上対馬広域

0　2km

- 対馬みうだペンション P.99
- スロースグランピング P.98
- 豊砲台跡 P.61
- 韓国展望所 P.72、92
- 東横INN 対馬比田勝 P.98
- 三宇田浜海水浴場 P.53
- JINレンタカー P.124
- 豊小学校
- イシマルオートレンタカー P.124
- 鰐浦郵便局
- 日本海海戦記念碑／日露友好の丘
- MOKULUA Island Grill P.97
- 権現山森林公園展望所 P.93
- 殿崎公園 P.92
- みなと屋旅館 P.99
- 折り込み Map④ 比田勝中心部
- 殿崎バンガロー P.99
- 異国の見える丘展望所 P.72、92
- サステナブルショップ・ミート P.97
- 千俵蒔山 P.93
- 上対馬町歴史民俗資料館 P.94
- 網代の漣痕と洗濯岩 P.93
- 西泊海水浴場 P.53
- 棹崎公園 P.93
- 棹崎砲台跡 P.61
- 佐須奈郵便局
- 佐須奈小中学校
- そば道場 あがたの里 P.96
- 花海荘 P.98
- 対馬北警察署
- 鳴滝 P.93
- 貸しハウス 離れ屋 P.125
- 対馬野生生物保護センター P.94
- 井口浜海水浴場 P.53
- ペンションひのきの森 P.99
- 霹靂神社 P.94
- 民宿西泊 P.99
- 天神多久頭魂神社 P.94
- さごんヴィレッジ P.99
- 曽根崎神社
- 湊浜海水浴場 P.53
- さごんキッチン P.96
- オメガ公園 P.93
- バードウォッチング公園 P.50
- 神宮自然農園
- 舟志森林公園 P.93
- 五根緒の石塔 P.93
- レンタサイクルSA・GO P.125
- 御嶽公園
- 茂木浜海水浴場 P.53
- 大将軍山古墳
- 御岳
- 琴の大銀杏 P.94
- 対馬グリーン・ブルーツーリズム協会 P.68
- 伊奈郵便局
- 彦山神社
- 目保呂ダムキャンプ場
- 琴郵便局
- KOJIHOUSE P.125
- 胡禄神社 P.65
- 伊奈港
- 目保呂ダム馬事公園 P.94
- 琴港
- 琴崎灯台
- 越高港
- 目保呂ダム
- 仁田中学校区
- 女連の立岩 P.92
- 小鹿郵便局

- ● 観る・遊ぶ
- R 食事処
- S みやげ物店
- H 宿泊施設
- A アクティビティ会社
- i 観光案内所
- 神社

## 🔲 展望所　　　　エリア 上対馬　MAP P.91B1
# 韓国展望所
かんこくてんぼうじょ

### 釜山の町並みが見渡せるビュースポット
　対馬の最北部にある、韓国の古代建築様式で建てられた展望所。空気が澄んだ日は韓国釜山の町並みが見られる。ビル群に明かりがともる夜の景色もまた美しい。目の前に浮かぶ海栗島には自衛隊の分屯基地がある。

上／紺碧の海を見渡す　左下／夕方の雰囲気もいい　右下／慰霊のための朝鮮国訳官使殉難之碑が立つ

🚌 比田勝港国際ターミナルから車で約15分　🏠 対馬市上対馬町鰐浦　🅿 あり　※2023年12月まで改修工事のため立ち入り禁止

## 🔲 景勝地　　　　エリア 上県　MAP P.91A3
# 女連の立岩
うなつらのたていわ

### 自然が生み出した奇岩のアート
　北西部の女連（うなつら）地区の海岸には、不思議な形の岩が点在する。なかでも印象的なのが屏風のような岩。これは泥岩地層が圧力を受けて褶曲したもの。港から海岸沿いを歩くが、満潮だと通れないので干潮の時間を調べて行こう。

上／波風の浸食でこの形に　左下／スフィンクス岩と呼ばれる沖の瀬　右下／泥岩と砂岩の地層が見られる

🚌 比田勝港国際ターミナルから車で約50分　🏠 対馬市上県町女連　🅿 あり

## 🔲 展望所　　　　エリア 上県　MAP P.91A2
# 異国の見える丘展望所
いこくのみえるおかてんぼうじょ

### 海上に突き出した韓国を眺める展望塔
　草原が広がる千俵蒔山の周回道路に、海に突き出すように造られた展望スポット。展望台の先端に立つと、目の前には水平線までじゃまするものが何もない壮大な光景が広がる。天候がいい日は釜山の町並みが見えることも。

上／駐車場から道を渡り展望塔へ　左下／階段上部の展望スペース　右下／海上の展望台

🚌 比田勝港国際ターミナルから車で約28分　🏠 対馬市上県町佐護北里　🅿 あり

## 🔲 公園　　　　エリア 上対馬　MAP P.91C1
# 殿崎公園
とのさきこうえん

### 日本海海戦の戦没者を慰霊する碑が立つ
　海を見渡す散策路が人気の殿崎公園。岬の付け根には、1905年に対馬沖で起きた日本海海戦記念碑が立つ。撃沈された艦隊の水兵は西泊に上陸し、島民が世話をしたという。公園には日本海海戦100周年を記念したレリーフも。

上／日本海海戦100周年のレリーフが立つ　左下／日本海海戦記念碑　右下／ロシア兵上陸地も

🚌 比田勝港国際ターミナルから車で約7分　🏠 対馬市上対馬町西泊　🅿 あり

voice／日本海海戦で撃沈されたバルチック艦隊の水兵143人は、4隻のボートで西泊の海岸に上陸した。ちょうど農作業中だった西泊の農婦たちは、水兵たちを井戸まで案内し、その後、集落に連れていき民家に泊まらせたという。

## 📷 展望所　　エリア 上対馬　　MAP P.91C1

### 権現山森林公園展望所
ごんげんやまししんりんこうえんてんぼうじょ

**海を見渡す上対馬随一の絶景スポット**

　駐車場から階段を上ると、きれいに整備された広場がある。周囲を見渡す絶景スポットとして知られ、早朝の雰囲気がいい。東屋やベンチが設置され、景色を眺めながらのんびり過ごせる。

🚗 比田勝港国際ターミナルから車で約9分　🏠 対馬市上対馬町西泊470　🅿 あり

## 📷 景勝地　　エリア 上対馬　　MAP P.91C2

### 網代の漣痕と洗濯岩
あじろのれんこんとせんたくいわ

**太古の波が生み出したさざなみの化石**

　対馬の地層は、多くが対州層群と呼ばれる砂岩と泥岩の互層からなる。漣痕は地質時代、その砂岩上に水や空気が流れてできた波状の痕跡のことで、リップルマークともいう。

🚗 比田勝港国際ターミナルから車で約6分　🏠 対馬市上対馬町網代361　🅿 なし

## 📷 公園　　エリア 上県　　MAP P.91A2

### 棹崎公園
さおざきこうえん

**日本の西北端に広がる美景の公園**

　対馬野生生物保護センターを擁する広大な公園。園内には日本最西北端の碑が立つほか、太平洋戦争時に築かれた棹崎砲台跡が見られる。夜は漁火がよく見えることで知られる。

🚗 比田勝港国際ターミナルから車で約35分　🏠 対馬市上県町佐護西里　🅿 あり

## 📷 公園　　エリア 上対馬　　MAP P.91C2

### オメガ公園
おめがこうえん

**東洋一の高さを誇った電波塔跡地**

　GPSが登場する以前、船舶などの位置確認に使われたオメガ航法の電波塔があった場所。当時は高さ455mの鉄塔が立っていた。園内では切断されたオメガ塔を見学することができる。

🚗 比田勝港国際ターミナルから車で約17分　🏠 対馬市上対馬町大増917　🅿 あり

## 📷 景勝地　　エリア 上県　　MAP P.91A2

### 千俵蒔山
せんびょうまきやま

**草原に覆われたお椀型の丘**

　山地が多い対馬では珍しく草原が広がる山。標高287mの低山だが、山頂から眺める周囲の山や海の景色は壮大。風力発電の風車が立ち、対馬のなかでも唯一無二の景観を見せている。

🚗 比田勝港国際ターミナルから車で約37分　🏠 対馬市上県町佐護　🅿 なし

## 📷 公園　　エリア 上対馬　　MAP P.91B2

### 舟志森林公園
しゅうししんりんこうえん

**鮮やかに色づくもみじ街道へ**

　舟志（しゅうし）川周辺に広がる森林公園。散策路が整備され気軽に自然に触れられる。11月初旬頃は、川沿い約7kmにわたってモミジやカエデが群生する「もみじ街道」が華やか。

🚗 比田勝港国際ターミナルから車で約21分　🏠 対馬市上対馬町舟志　🅿 あり

## 📷 景勝地　　エリア 上県　　MAP P.91C2

### 五根緒の石塔
ごねおのいしとう

**海を見守る4つの積石塔**

　北東にある曽根崎神社から塔の埼と呼ばれる岬を海岸に向かうと、崖の上に石を積み上げた4つの塔が立つ。水平線を見渡す積石塔は、異世界との境界のような神々しさを放っている。

🚗 比田勝港国際ターミナルから車で約32分　🏠 対馬市上県町五根緒　🅿 あり

## 📷 滝　　エリア 上対馬　　MAP P.91C2

### 鳴滝
なるたき

**断崖を流れ落ちる清らかな滝**

　対馬の川はなだらかで、滝が少ない。落差15mの鳴滝は対馬一の瀑布だ。雰囲気のある遊歩道を進み滝を望む。龍神伝説が残る聖地でもあり、最近まで雨乞いの儀式が続いていた。

🚗 比田勝港国際ターミナルから車で約7分　🏠 対馬市上対馬町久須　🅿 あり

voice 対馬の地質は、ほとんどが対州層群と呼ばれる堆積岩からなる。1800万年前〜1600万年前に海底に積もった泥岩と砂岩の互層で、それが横からの圧力で曲がった褶曲という現象が見られる。対州層群は海岸などで観察できる。

## 📷 資料館　エリア 上県　MAP P.91A2

# 対馬野生生物保護センター
つしまやせいせいぶつほごせんたー

### 対馬の生態系や生物多様性を学ぶ

　ツシマヤマネコをはじめ、対馬の希少な野生生物保護の拠点。館内には対馬の自然や生物について、さまざまな視点から解説する資料が展示されている。センターで飼育されているツシマヤマネコを見ることもできる。

上／対馬の独特の生態系を知る　左下／ツシマヤマネコを見学　右下／精巧なジオラマ

🚗 比田勝港国際ターミナルから車で約35分　🏠 対馬市上県町佐護西里2956-5　📞 (0920) 84-5577　🕐 10:00〜16:30 (最終入館16:00)　休 月曜 (祝日の場合は翌日)　料 無料　🅿 あり
URL kyushu.env.go.jp/twcc/index.htm

## 📷 体験施設　エリア 上県　MAP P.91B3

# 目保呂ダム馬事公園
めほろだむばじこうえん

### 小柄で力持ちの対州馬に会いに行く

　日本在来馬の対州馬を保護し繁殖させるための施設。自然に恵まれた山あいの牧場で、約30頭の対州馬を飼育している。かわいい対州馬に触りたくなるが、人に慣れていない馬もいるので、まずはスタッフに声をかけて！

※写真／古郷千恵

上／対州馬は島内に約40頭しかいない　左下／山に囲まれた牧場　右下／子馬がかわいい

🚗 比田勝港国際ターミナルから車で約38分　🏠 対馬市上県町瀬田　📞 (0920) 85-1113　🕐 10:00〜12:00、13:00〜16:00　休 月・木曜　料 引き馬520円、乗馬指導1040円　予約 必要 (乗馬は必ず電話を)　🅿 あり　URL taishu-horse.jp/facility/bajipark

## 📷 巨樹　エリア 上対馬　MAP P.91C3

# 琴の大銀杏
きんのおおいちょう

### 高さ約23mを誇る対馬の名木

　樹齢1200年とも1500年ともいわれるイチョウの雄株。幹回り12.5m、樹高約23mに達する巨木で、全国2位の大きさ (1位は岩手県の長泉寺のイチョウ)。1798年の落雷の火災で幹に空洞ができている。

🚗 比田勝港国際ターミナルから車で約28分　🏠 対馬市上対馬町琴657　🅿 あり

## 📷 神社　エリア 上県　MAP P.91A2

# 天神多久頭魂神社
てんじんたくずだまじんじゃ

### 天道信仰の聖地、天道山の遥拝所

　周辺は南部の豆酘と同じく、天道信仰が盛んだった場所。鳥居の奥を見ても社殿がなく、石積みの塔が立つ古い祭祀形態が見られる。ご神体は天道山で、遥拝するために鳥居が建てられた。

🚗 比田勝港国際ターミナルから車で約16分　🏠 対馬市上県町佐護洲崎西里2864　🅿 あり

## 📷 神社　エリア 上対馬　MAP P.91C2

# 霹靂神社
へきれきじんじゃ

### 雷大臣を祀った海沿いの神社

　深く切れ込んだ舟志湾の入江の奥にある神社。海沿いに拝殿があり、裏の階段を上った高台に本殿が鎮座する。本殿の周りから石棺墓群が出土し、朝日山古墳という名で知られている。

🚗 比田勝港国際ターミナルから車で約8分　🏠 対馬市上対馬町大増1073　🅿 あり

## 📷 資料館　エリア 上対馬　MAP P.91C1

# 上対馬町歴史民俗資料館
かみつしままちれきしみんぞくしりょうかん

### 歴史の宝庫、上対馬の文化財を紹介

　古来より外交の最前線として、大陸文化の影響を受けてきた上対馬の歴史と文化財を紹介する。銅矛や勾玉など遺跡から出土した遺物は見応え十分。

🚗 比田勝港国際ターミナルから車で約3分　🏠 対馬市上対馬町比田勝575　📞 (0920) 86-3052　🕐 9:00〜17:00　休 土・日曜、祝日　料 無料　🅿 あり

Voice〈 対馬の古い神社は、社殿を設けず山などをご神体とする神籬磐境 (ひもろぎいわさか) 式だったと考えられている。聖域である神山には立ち入ることができず、遠くから遥拝するために神社が建てられた。

## 寿司　みなと寿し

エリア 上対馬　MAP 折り込み④B3

みなとずし

**ていねいな仕事が光る和食が揃う**

創業1948年の老舗。玄界灘で揚がった旬の魚介を贅沢に使った料理が味わえる。ランチは盛りつけも美しい寿司や刺身、海鮮丼などのセット。夜は寿司のほか一品料理も充実している。おすすめ上握りコース5000円が人気。

上／ランチで人気の握り寿し3000円　左下／海鮮丼2500円　右下／半個室の座敷もある

交 比田勝港国際ターミナルから徒歩約6分　住 対馬市上対馬町比田勝843-12　電 (0920)86-3710　時 12:00〜14:00、18:00〜22:00(L.O.21:00)　休 不定休　カード 可　駐車場 あり
URL minato-tsushima.amebaownd.com

## 居酒屋　島めし家 北斗

エリア 上対馬　MAP 折り込み④D1

しまめしや ほくと

**天然アナゴを気軽に楽しむ食事処**

アナゴ漁師直営の名店「すし処 慎一」の姉妹店。穴子釜めし1540円や穴子一本天ぷら1210円など西沖の上質なアナゴを使った料理のほか、一品料理が充実している。ランチの穴子カツ定食1100円や天丼1200円もおいしい。

上／刺身盛り合わせ1650円　左下／天井が高く快適な空間　右下／「すし処 慎一」の隣

交 比田勝港国際ターミナルから徒歩約6分　住 対馬市上対馬町古里13-3　電 (0920)86-4516　時 11:00〜14:00(L.O.13:30)、18:00〜22:00(L.O.21:30)　休 水曜　カード 可　駐車場 あり
URL www.sushi-shinichi.com/hokuto

## 居酒屋　三楽寿し

エリア 上対馬　MAP 折り込み④B4

さんらくずし

**多彩なメニューが揃う和風居酒屋**

地元客の姿も多いアットホームな雰囲気。寿司だけでなく、刺身盛り合わせ1200円〜や西穴子天ぷら880円など居酒屋メニューも豊富だ。酒に合わせるなら、刺身をゴマ醤油に漬けた、漁師さんのおつまみ580円が絶品。

上／並にぎり1280円ほか　左下／個室には家族連れの姿も多い　右下／細い路地に立つ

交 比田勝港国際ターミナルから徒歩約8分　住 対馬市上対馬町比田勝836-2　電 (0920)86-2143　時 11:30〜13:30、18:00〜22:00(食事L.O.21:00、ドリンクL.O.21:45)※日曜、祝日は〜21:00　休 不定休　カード 可

## 居酒屋　おかべ食堂

エリア 上対馬　MAP 折り込み④B4

おかべしょくどう

**食事にも、飲みにもうれしいラインアップ**

脂がのった西沖のアナゴをはじめ、対馬の食材を楽しめる食事処。店のおすすめはアナゴ天に刺身と小鉢が付いた定食。刺身や天ぷらの単品も揃っている。とんちゃん丼900円やろくべえ850円など郷土料理も食べられる。

上／アナゴ天と刺身の定食2000円　左下／落ち着く空間　右下／商店街の一角にある

交 比田勝港国際ターミナルから徒歩約8分　住 対馬市上対馬町比田勝835　電 (0920)86-2970　時 11:00〜16:00、18:00〜22:00(L.O.21:00)　休 不定休　駐車場 あり
URL tusimaokabesyokudo.jimdofree.com

**Voice** 比田勝港周辺には寿司店や居酒屋などが集まり、外での食事が楽しい。ただし夜は22:00頃に閉まる店が多いので(ラストオーダーは1時間前)注意。また不定休の店が多く、客がいないと閉店する場合があるので電話で確認しよう。

## 🍽 食堂　[エリア] 上対馬　[MAP] 折り込み④ C3

# MADO
まど

### 島食材を使った韓国と沖縄の麺を味わう

　古民家をリノベーションした居心地のいい空間。沖縄そば900円や韓国の冷麺850円、ビビンメン880円などが食べられる。フォンダンショコラなどデザートも用意。厳原に姉妹店があり、こちらは韓国と沖縄料理が充実した居酒屋スタイル。

上／靴を脱いで入る店内はくつろぎの空間　左下／豚肉のうま味が染み出したスープが絶品の沖縄そば　右下／のど越しのいい冷麺はテイクアウトもできる

🚍 比田勝港国際ターミナルから徒歩約5分　🏠 対馬市上対馬町比田勝956-4　📞 (0920) 86-4669　🕐 10:30～15:00 (L.O.14:30)　休 なし　[カード] 可　[駐車場] なし　📷 madotushima2017

---

## ☕ カフェ　[エリア] 上県　[MAP] P.91B2

# さごんキッチン
さごんきっちん

### 小学校の音楽室がくつろぎの食堂に！

　2013年に閉校した佐護小学校。2階にある元音楽室が森や田園風景を眺めながらくつろげる食堂になっている。金～日曜に地域の女性陣が腕を振るうランチは、佐護を中心とした地元食材を味わえるとあって島民からも好評だ。

上／ランチはドリンク付き1100円　左下／カフェ利用もおすすめ　右下／新しい交流拠点

🚍 比田勝港国際ターミナルから車で約25分　🏠 対馬市上県町佐護北里995　📞 (0920) 84-5024　🕐 金～日曜の11:30～17:00 (L.O.16:30) ※ランチは12:00～14:00　予約 ランチは原則必要　[駐車場] あり　[URL] tsushima-gaia-univ.jp/base

---

## 🍽 居酒屋　[エリア] 上対馬　[MAP] 折り込み④ C3

# 対馬久兵衛食堂
つしまきゅうべえしょくどう

### ボリュームのある居酒屋メニューに大満足

　アジフライやとんちゃんといった対馬名物のほか、魅力的な一品料理が揃う。ミックスフライ定食1180円や久兵衛ちゃんぽん780円など、定食、丼、麺類も充実している。カクテルやサワーをはじめアルコールの選択肢も豊富。

上／手前から対馬とんちゃん鉄板1180円、アジフライ680円、タコの唐揚げ680円　左／テーブルや椅子を黒と茶で統一したおしゃれな店内

🚍 比田勝港国際ターミナルから徒歩約5分　🏠 対馬市上対馬町比田勝955　📞 (0920) 86-3522　🕐 18:00～24:00　休 月曜　[カード] 可　[駐車場] あり　[URL] hakatakyubey.flips.jp

---

## 🍽 蕎麦　[エリア] 上県　[MAP] P.91B2

# そば道場 あがたの里
そばどうじょう あがたのさと

### ランチの定番、のど越しのいい対州そば

　上県や上対馬観光のランチに最適な食事処。手打ちの対州そばは、もりそば650円やいりやきそば750円などが定番。おなかに余裕があるなら、ミニとんちゃん丼370円を付けるといい。香りのいい対州そば珈琲350円もユニーク。

上／いりやきそばとミニとんちゃん丼　左下／窓が大きく明るい店内　右下／大きな水車が目印

🚍 比田勝港国際ターミナルから車で約15分　🏠 対馬市上県町佐須奈甲565-2　📞 (0920) 84-2340　🕐 11:00～14:00　休 なし　[駐車場] あり　[URL] sakusyoku.com/agata

---

**Voice** 旧佐護小学校を改修し、2021年4月に生まれた地域の交流拠点「ふるさとづくり『佐護笑楽校』」。島の人たちの交流スペースとしてはもちろん、上で紹介している「さごんキッチン」や宿泊施設が利用でき、観光客も佐護の魅力を感じられる。

## ダイニングバー　エリア 上対馬　MAP 折り込み④B3

# MINATO DINING
みなと だいにんぐ

### カクテル片手に島のバータイム

スタイリッシュなインテリアに囲まれて、ハンバーガーやピザ、タコスなどを味わえるダイニングバー。ウイスキーやカクテルも豊富なので2軒目使いにも◎。

🚶 比田勝港国際ターミナルから徒歩約6分　🏠 対馬市上対馬町比田勝850　☎ 090-1084-3710　🕐 12:00〜14:00、18:00〜24:00　💤 水曜、火・木曜の夜　💳 可　🅿 なし　📷 minato.dining

## スナック　エリア 上対馬　MAP 折り込み④B4

# スナック城
すなっくじょう

### 創業約50年の老舗スナックで夜遊び

扉を開けると、そこは古い看板やオブジェ、ポスターなどが所狭しと飾られたレトロな空間。カウンターですてきなママが作るカクテルやカラオケを楽しんで。

🚶 比田勝港国際ターミナルから徒歩約9分　🏠 対馬市上対馬町比田勝164　☎ (0920) 86-2014　🕐 18:30〜24:00　💤 なし　🅿 なし

## テイクアウト　エリア 上県　MAP P.91B2

# MOKULUA Island Grill
もくるあ あいらんど ぐりる

### ハワイの風が香るテイクアウト専門店

ハワイ好きの店主が作るプレートランチが好評のテイクアウト専門店。人気はポン酢ソースがさわやかなモチコチキン930円。営業時間はインスタで確認。

🚶 比田勝港国際ターミナルから車で約15分　🏠 対馬市上県町佐須奈字ツカザキ甲564-1　🅿 なし　🕐 11:00〜15:00（ランチは〜14:00）　💤 不定休　🅿 あり　📷 mokuluaislandgrill

## 和菓子　エリア 上対馬　MAP 折り込み④A4

# 山八製菓
やまはちせいか

### しっとり生地の正統派かすまき

かすまき230円をはじめ、手作りの和菓子が並ぶ老舗店。観光客には小ぶりのかすまきミニ125円も。密かにファンが多いごまもなか130円もお試しあれ。

🚶 比田勝港国際ターミナルから徒歩約10分　🏠 対馬市上対馬町比田勝797　☎ (0920) 86-2341　🕐 8:30〜18:00　💤 不定休　🅿 あり

## 雑貨・特産品　エリア 上県　MAP P.91B2

# サステナブルショップ・ミット
さすてなぶるしょっぷ・みっと

### 島好きの心をつかむキュートなデザイン

「人といきもののつながりをみつけ、いかし、つなぐ」がコンセプト。ツシマヤマネコを中心に、対馬の生物をモチーフにしたオリジナル雑貨がセンスよく飾られ、見るだけでも楽しめる。職人さんとコラボした一点物は、気に入ったら即買い必至。

上／美術館のショップのような店内　左下／木彫りのヤマネコ1800円〜　右下／野鳥ピンズ各1000円

🚶 比田勝港国際ターミナルから車で約16分　🏠 対馬市上県町佐須奈甲562-24　☎ (0920) 84-2366　🕐 9:00〜16:30　💤 不定休　💳 可　🅿 あり　🌐 www.mit-tsushima.com/shop

## 雑貨・特産品　エリア 上対馬　MAP 折り込み④A4

# 対馬パール
つしまぱーる

### パールアクセサリーをカジュアルに楽しむ

対馬真珠のアクセサリー専門店。真珠を生かしたシンプルで上品なデザインが特徴。しずく形の真珠を組み合わせたリボンネックレス8800円やイノシシ・シカ革と合わせたブレスレット4290円〜など個性的なアイテムも。

上／ぬくもりある空間　左下／小物も充実している　右下／アクセサリー作りの体験も人気

🚶 比田勝港国際ターミナルから徒歩約12分　🏠 対馬市上対馬町比田勝200　☎ 080-8553-4433　🕐 10:00〜16:00（電話で確認）　🅿 あり　📷 tsushimapearl

## 🏨 ホテル　　エリア 上対馬　　MAP P.91C1

# 東横INN 対馬比田勝
とうよこいんつしまひたかつ

### 三宇田浜まですぐの美景ホテル

　三宇田浜海水浴場まで徒歩2～3分の、高台から紺碧の海を見渡すホテル。客室は海側と山側にあり、明るいインテリアで統一され快適。海側の部屋からは神秘的な朝日が見られる。朝食は眺めのいい上層階でさわやかに。

上／三宇田浜まで徒歩圏内 左下／水色がさわやか 右下／朝食はビュッフェ

🚗 比田勝港国際ターミナルから車で約5分　🏠 対馬市上対馬町西泊1217-5　☎ (0920) 88-6045　🏷 素5050円～　客室数 243室　カード 可　駐車場 あり　URL www.toyoko-inn.com/search/detail/00312

---

## 🏨 ホテル　　エリア 上対馬　　MAP 折り込み④ D3

# DAEMADO HOTEL 比田勝
てまど ほてる ひたかつ

### グループ利用にぴったりな快適ホテル

　テマドとは韓国語で対馬島のこと。洋室と和室を用意し、日本人も韓国人も旅を楽しめるホテルを目指している。洋室は3ベッド、和室は4人まで泊まれる。

🚗 比田勝港国際ターミナルから徒歩約4分　🏠 対馬市上対馬町比田勝字ダラノ木960　☎ (0920) 86-3666　🏷 素4000円～　客室数 85室　駐車場 あり　カード 可　URL daemadohotel.com

---

## 🏨 ホテル　　エリア 上対馬　　MAP P.91C1

# 花海荘
かみそう

### 海岸までの散策も楽しい和風ホテル

　眺望のいい丘の上に立つ落ち着いた雰囲気のホテル。和室、洋室、和洋室と選択肢は豊富で、26室のうち18室がオーシャンビュー。

🚗 比田勝港国際ターミナルから車で約6分　🏠 対馬市上対馬町西泊390　☎ (0920) 86-3120　🏷 素6000円～、朝7000円～、朝夕8900円～　客室数 26室　駐車場 あり　カード 可　URL kamiso-tsushima.com

---

## 🏕 グランピング　　エリア 上対馬　　MAP P.91C1

# スロースグランピング
するーすぐらんぴんぐ

### 床暖房完備のコテージで過ごす贅沢な時間

　エアコン、床暖房、シャワーを完備したグランピング施設。広々としたコテージ内にはプロジェクターが設置され、おこもりバカンスも楽しそう。プライベートデッキでバーベキューをしたり、ハンモックでのんびりするのもいい。

上／コテージは広く快適 左下／デッキでBBQ！ 右下／共有スペースも居心地よし

🚗 比田勝港国際ターミナルから車で約6分　🏠 対馬市上対馬町泉347-1　☎ (0920) 86-2063　🏷 素5500円～※土曜、祝日前、繁忙期は金額が異なる　客室数 10室　駐車場 あり　URL slothglamping.com

---

## 🏠 ゲストハウス　　エリア 上対馬　　MAP 折り込み④ B3

# つしまホワイトハウス
つしまほわいとはうす

### 心休まるくつろぎのゲストハウス

　1軒家を改装したゲストハウス。流木や貝殻などのインテリアがおしゃれ。客室は和室と洋室があり、グループでも宿泊できる。朝食がおいしいと評判。

🚗 比田勝港国際ターミナルから徒歩約5分　🏠 対馬市上対馬町比田勝862　☎ 080-6005-1782　🏷 素5500円～、朝6000円～　客室数 4室　駐車場 あり　URL t-w-h.com

---

## 🏠 ゲストハウス　　エリア 上対馬　　MAP 折り込み④ D1

# MIDORI GUEST HOUSE
みどり げすと はうす

### 気取らないマンションタイプの宿

　全室にバス、トイレが備わるワンルームマンションのような造り。部屋ごとに外扉があるので夜遅くなっても問題なし。散策にはレンタサイクルが利用できる。

🚗 比田勝港国際ターミナルから徒歩約5分　🏠 対馬市上対馬町古里10-6　☎ 080-8579-6567　🏷 朝4500円～　駐車場 あり　客室数 9室

---

voice 上対馬町の飲食店は比田勝港周辺に集まっているので、外で食事を取るつもりなら比田勝港周辺の宿泊施設が便利。郊外の場合、比田勝中心部まで送迎してくれるホテルもあるので、予約時に確認してみよう。

## 民宿　民宿西泊

みんしゅくにしどまり

エリア 上対馬　MAP P.91C1

全室、港を望むオーシャンビュー

　全室、内装にヒノキを使った和室。港を望む窓際に椅子を配すなど居心地のよい工夫がうれしい。食事は別棟の築150年の古民家で。

比田勝国際ターミナルから車で約4分　対馬市上対馬町西泊269　(0920) 86-2685　素4400円〜、朝5100円〜　5室　カード 可　駐車場 あり　URL www.nishidomari.com/nishidomari

## ゲストハウス　さごんヴィレッジ

さごんゔぃれっじ

エリア 上対馬　MAP P.91B2

自然に囲まれた佐護の新拠点

　閉校した小学校を改修。教室を利用したドミトリーと図書館の本棚が残る個室に泊まれる。おしゃれで清潔感あるシャワー室も快適。

比田勝港国際ターミナルから車で約25分　対馬市上対馬町佐護北里995　(0920) 84-5024　素4400円　個室1室＋ドミトリー16ベッド　駐車場 あり　URL tsushima-gaia-univ.jp/base

## ホテル　つしまホテルプラザ

つしまほてるぷらざ

エリア 上対馬　MAP 折り込み④ D2

比田勝港からすぐの便利な立地

　3階建ての2階がレストラン、3階が客室。洋室と和室があり、3人で泊まれる部屋も用意されている。比田勝港まで徒歩約1分のロケーションのよさも魅力。

比田勝港国際ターミナルから徒歩約1分　対馬市上対馬町比田勝981-3　(0920) 86-3216　素4800円〜、朝5600円〜、朝夕7100円〜　客室数 12室　駐車場 あり

## ペンション　ペンションひのきの森

ぺんしょんひのきのもり

エリア 上県　MAP P.91B2

ヒノキの香りが漂う居心地のいい部屋

　香りのいい対馬産ヒノキで建てた宿。和室と洋室を4部屋ずつ用意する。和室にはトイレと風呂が備わり、洋室は共同。夕食にはBBQ（1500円〜）も楽しめる。

比田勝港国際ターミナルから車で約17分　対馬市上県町佐須奈甲1050　090-4585-8615　素4500円〜、朝5000円〜　客室数 8室　駐車場 あり

## ホテル　梅屋ホテル

うめやほてる

エリア 上対馬　MAP 折り込み④ B3

ビジネスにも人気の使い勝手のよさ

　飲食店が集まる比田勝の中心地に立つ。客室はシングルとツインの洋室、和室を用意し、全室にバス・トイレが備わる。新鮮魚介を中心とした食事がおいしい。

比田勝港国際ターミナルから徒歩約6分　対馬市上対馬町比田勝839　(0920) 86-2016　素5000円〜、朝6000円〜、朝夕8000円〜　客室数 18室　駐車場 あり　URL umeya-hotel.com

## 旅館　みなと屋旅館

みなとやりょかん

エリア 上県　MAP P.91B2

朝夕食に地元の新鮮魚介を味わう

　のどかな佐須奈港を見渡す素朴な宿。和室が8部屋で、トイレと風呂付きの部屋も。魚介中心の食事に定評があるが、徒歩圏内に食事処が点在している。

比田勝港国際ターミナルから車で約16分　対馬市上県町佐須奈乙1080　(0920) 84-2023　素5000円〜、朝5500円〜、朝夕6500円〜　客室数 8室　駐車場 あり

## ペンション　対馬みうだペンション

つしまみうだぺんしょん

エリア 上対馬　MAP P.91C1

徒歩3分で三宇田浜にアクセス！

　三宇田浜まで徒歩数分の海水浴に最適なロケーション。1棟2〜4部屋のシェアタイプと、団体用の1棟貸し切りタイプがある。全室にエアコンや床暖房を完備。

比田勝港国際ターミナルから車で約5分　対馬市上対馬町西泊1201　(0920) 86-3110　素4500円〜　客室数 2棟＋10室　カード 可　駐車場 あり　URL www.miudapension.info/miuda

## バンガロー　殿崎バンガロー

とのざきばんがろー

エリア 上対馬　MAP P.91C1

目の前に広がる海の美しさに感激！

　殿崎公園の岬の付け根に立つバンガロー。高台から見下ろす海の美しさは感動もの。デスクを備えたワーケーションタイプの部屋も。

比田勝港国際ターミナル　から車で約7分　対馬市上対馬町西泊840-2　(0920) 86-2685　素8400円 (1棟)　客室数 5棟　カード 可　駐車場 あり　URL www.nishidomari.com/bungalow

VOICE　三宇田浜併設のキャンプ場は4月以外のオープン。利用する際は対馬市のウェブサイトにある「公園等施設許可申請書」に記入しファクスで申し込む。常設テント（6人用）3770円、持ち込みテントサイト1570円。(0920) 86-4678（ファクスも同様）

99

**ガンガゼの骨格を漂白したら
とてもきれいなランプシェードに！**

## 前職の技術を生かして
## アクセサリーを制作

小宮翔さんの工房があるのは、上県町の佐護川沿い。中をのぞくとアンティーク家具や流木などが配された秘密基地のような雰囲気の空間があった。

「半年くらいかけて自分で改修したんですよ」と笑顔で迎えてくれた小宮さんは、この工房でシルバーアクセサリーやインテリア雑貨の制作・販売をしている。

高校卒業を機に福岡に出た小宮さんは、約10年前まで歯科技工士として働いていた。ところが激務で体調を崩し対馬に帰ってきたそう。

「対馬に戻ってからしばらくは、のんびり過ごしていましたね。夏だけ海水浴場の監視員をやったり、マグロの養殖を手伝ったり、アルバイトをしながら生活していました」と話す小宮さん。当時は肉体的にも精神的にも疲弊していた。

体調が少しずつ回復してきた頃、趣味で作っていたシルバーアクセサリーの制作依頼が入る。

「作品をSNSに載せたところ、作ってほしいと言われたんです」

シルバーアクセサリーの制作は、歯科技工物を作る技術や道具

**KOMIYA SILVER**
（こみや　しょう）
**小宮 翔 さん**

左／ウニホタルと名付けられたランプシェード。サイズはS、M、L、台座は2色から選べる　右／知人にもらった家具や流木などが置かれた工房。雑多でありながら居心地のいい空間

とかなりの部分がかぶる。細かい作業は小宮さんの得意とするところ。精巧なデザインが口コミで評判を呼び、次々にオーダーが入るようになった。

「今はシルバーアクセサリー作りのワークショップも開催していて、皆さんに喜んでいただいてます」

## 駆除されてしまうウニを
## 幻想的なインテリアに

小宮さんの工房で、ひと際目を引くのが淡い光を放つランプシェード。小さなカボチャのようなシェードには、不思議な幾何学模様や透かしが入っている。実はこれ、ガンガゼというウニの仲間の殻でできている。

「海藻を食べるガンガゼは磯焼け

の原因ともいわれていて、駆除されてしまうんです。それを何かに活用できないかという依頼を受けまして。雑貨店でウニの白い殻を見たことがあり、ガンガゼの骨格も漂白したらとてもきれいで、ランプシェードにすることを思いつきました」と小宮さん。対馬のケヤキを使った台座は、職人にひとつずつ手作りしてもらったもの。充電式とコード式を用意して使い勝手もよい。

海の厄介者は上品なインテリアへと生まれ変わり、島ならではのギフトになると評判も上々だ。注文も増えていると話す小宮さん。ただ自分でガンガゼを採るところから始めるので数が作れないのが悩みだと笑う。

URL www.facebook.com/KOMIYASILVER/

よく知ると、もっと対馬が好きになる

# 対馬の深め方
More about Tsushima

古くから大陸との交流・交易の地として栄えた国境の島、対馬。

国防の最前線に立たされることも多く、苦難の道を歩んできた。

歴史のなかで対馬が果たした役割と、唯一無二の文化を見てみよう。

暖流がもたらす豊かな海の恵みを受けて

# 対馬の地理と産業

## 東京23区よりも大きい南北約82kmの長い島

対馬は九州本土から北へ約132km、韓国の釜山から49.5kmの、対馬海峡に浮かぶ島。面積は約707.5km²で、南北約82km、東西18kmと細長い。日本では北方領土と沖縄本島を除くと、佐渡島、奄美大島に次ぐ3番目に大きな島として知られる。対馬島を中心に、泊島、赤島、沖ノ島、島山島、海栗島の6つの有人島と100以上の無人島からなり、海栗島以外の有人島は橋などで行き来できる。島全域が対馬市という1島1市体制で、上対馬、上県、峰、豊玉、美津島、厳原の6町に分かれている。

対馬暖流の影響を受けた海洋性気候に属し、温暖で雨が多いのが特徴。夏は暑くなり過ぎず過ごしやすいが、冬は大陸からの季節風が吹くため、冷え込みが厳しくなる。

## リアス海岸に囲まれ穏やかな湾では養殖も

対馬は約1700万年前〜1400万年前の日本海形成期に、海底に積もった堆積岩が隆起したもの。島内のいたるところで砂岩と泥岩の互層が見られ、対馬の地質はほとんどが対州層群と呼ばれるこの堆積岩であることがわかる。横方向に圧力を受けて波型に褶曲した層が多いのも特徴だ。また白嶽や城山の石英斑岩、鮎もどし自然公園の花崗岩など一部で地下マグマの影響も見られる。

島全体が入り組んだリアス海岸に囲まれ、海岸線の総延長は915km。特に中央部にある浅茅湾のリアス海岸は非常に複雑で、日本有数の規模を誇る。浅茅湾内は風の影響を受けにくく穏やかなので、アコヤ貝を使った真珠やヒオウギガイ、マグロなどの養殖が行われている。

## 約89%を山地が占める山がちの険しい地形

島の約89%が山林で平地は非常に少ない。耕作面積は1.4%という農業には厳しい地形。標高200〜300mの山が海岸まで続き、100mの断崖絶壁がそびえる場所も。特に南部は最高峰となる標高648.5mの矢立山をはじめ、標高の高い山が連なる。雄大な山は神聖視され、山岳信仰と太陽崇拝などが融合して対馬独特の天道信仰が広がった。聖地として樹木の伐採が禁じられた山には原始林が残り、龍良山や白嶽、御岳などはトレッキングのフィールドとして人気。南部の龍良山は立ち入ることさえ禁止されたため、緩斜面から山頂まで国内最大級の照葉樹林が広がっている。巨大なスダジイやイスノキが林立する原生林は、国の天然記念物に指定されている。

島の北部にある韓国展望所からは、天候がいいと韓国釜山の町並みが見られることも

上県町の女連の立岩。褶曲によって屹立した堆積岩が、波により浸食されたもの

天然の照葉樹林が広がる龍良山。太古の原生林は神秘的な雰囲気に包まれている

## 対馬を支える産業

### 漁業
**多種多様な魚が捕れる**

対馬近海では、栄養豊富な暖流の恩恵を受け多種多様な魚が捕れる。漁獲量国内1位のアナゴのほか、スルメイカやアカムツ、アカアマダイなどが人気。

対馬の西沖で捕れるアナゴは脂がのった極上品といわれる

### 農業
**佐護のブランド米が話題**

平地が少ないため小規模農家が多いが、環境に配慮したブランド米や対州そばなどを栽培。アスパラガスやジャガイモ、お茶などを栽培している農家も。

認定田で栽培した米を、佐護ツシマヤマネコ米として販売

### 林業
**ヒノキの需要が増加中**

戦後に植樹されたスギやヒノキが木材として利用できるまでに成長し、林業に注目が集まっている。特に上質なヒノキは需要が高い。原木シイタケも特産品のひとつ。

対馬の木材を使って家具を製作するkiiroのギャラリー

### 観光業
**自然と歴史がテーマ**

漁業とともに島の経済を支えているのが観光業。豊かな自然、そこで育まれてきた独特の文化、そして国境の島として歩んできた歴史など旅先としての魅力は尽きない。

宗氏の菩提寺、万松院。石段の百雁木を上ると墓所がある

厳原の長崎県立対馬高等学校には、韓国語を専門的に学べる国際文化交流科がある。韓国の高校や大学との交流もあり、生徒は韓国の歴史や文化についても学ぶ。卒業生は韓国語のプロフェッショナルとして活躍しているそう。

対馬は九州の北、東シナ海と日本海をつなぐ対馬海峡に浮かぶ島。
対馬暖流のおかげで豊かな漁場に恵まれ、古くから漁業が盛んだ。
近年では深い歴史や美景が話題となり観光地として注目されている。

Geography of Tsushima

## 異なる表情をもつ6つの町の魅力

　南北に長い対馬では、南部の豆酘から北部の比田勝まで車で約3時間かかる。広大な島は6町からなり、エリアによって雰囲気が異なるのがおもしろい。古くから政治・経済の中心地として栄えた厳原町は、今でも観光の拠点としてにぎやか。南端の豆酘は、独自の文化を守り続けていることで知られている。空港がある美津島町は、白嶽や城山、万関橋などの観光スポットが集中し、大型スーパーもある便利なエリアだ。中部の豊玉町と峰町は、自然が豊かなエリア。和多都美神社や烏帽子岳展望所には必ず立ち寄りたい。北部の上県町と上対馬町も自然が濃く、ツシマヤマネコが出没することも。北東の比田勝には港があり、宿泊施設や居酒屋などが集まっている。

上対馬町にある三宇田浜海水浴場は「日本の渚100選」に認定された白砂のビーチ

# 国際交流拠点としての対馬
# 島で見かける韓国

　対馬から韓国・釜山までは49.5kmしか離れておらず、高速船なら1時間10分。新型コロナウイルス感染症拡大の前は、5つの定期船が運航されていた。2018年には対馬を訪れる韓国人観光客が約41万人、経済効果は約90億円に上った。現在、日韓関係の悪化や新型コロナウイルスの影響により定期路線は運休（2023年2月より便数や人数を制限して運航再開）。上対馬の比田勝港国際ターミナルには人影も少なく、島の経済は大打撃を受けている。

　2023年1月現在、韓国人観光客はほとんど見かけないが、古くから朝鮮半島と貿易や交流を行ってきた対馬では、今もいたるところで韓国の影響を見ることができる。それらを探す旅というのも興味深い。朝鮮通信使など朝鮮半島との交流の歴史を学べるほか、観光地の看板にはハングルが書かれ、居酒屋のメニューに韓国料理が載っている。また対馬のご当地グルメ、とんちゃんも韓国料理に影響を受けているなど、身近なところで韓国文化を感じられる。

左／鰐浦で沈没し死亡した朝鮮訳官使たちの慰霊のために立てられた受難之碑
右／対馬の食材を使いつつ、本格的な韓国料理を味わえる店も多い

左／宗氏第37代当主の武志と、朝鮮王朝第26代高宗の王女、李徳恵の結婚を祝い立てられた碑　中／おもに韓国人観光客を相手にした宿泊施設やサービスも　右／厳原の漁火公園にある案内板。日本語の下にハングルが

## 酒造業
### 島内には酒造所が1軒
　美津島町にある河内酒造が、焼酎と日本酒を造っている。島内のスーパーでも販売しており、おみやげとしても人気。日本酒の白嶽は、すっきりとしており和食に合う。

大正8年創業の歴史ある酒造所。島民からも愛されている

## 真珠産業
### 穏やかな湾内で養殖
　リアス海岸に囲まれた浅茅湾は、波が穏やかなため真珠の養殖に最適。アコヤ貝を用いた大粒の真珠が生み出される。近年は青みを帯びたブルーパールも人気。

対馬パールには、カジュアルな真珠アクセサリーが揃う

## 駆除されるイノシシやシカを活用

　対馬ではイノシシやシカの個体数が増え、農作物や生態系に深刻な被害が出ている。そのため猟友会を中心にイノシシやシカを駆除。殺されたイノシシやシカは、基本的に土に埋められている。しかし近年、捕獲したイノシシやシカを有効利用しようという動きが出ており、対馬の新しい産業として注目を浴びている。例えばイノシシやシカを食肉用に処理して加工、販売したり、皮をなめして財布やバッグを作ったり。居酒屋などでも食べられるので、見かけたら試してみて。

左／革製品の専門店daidai（→P.82）で人気のイノシシ革のがまロポーチ　右／猪鹿島（→P.88）では、イノシシやシカの肉を焼肉で味わえる

波瀾に満ちた歴史を刻む、国境の島

# 対馬の歴史

| 時代 | 年代 | できごと |
|---|---|---|
| 縄文時代 | 前7300年頃 | 越高遺跡（上県町）・佐賀貝塚・吉田貝塚下層（峰町）・加藤遺跡（豊玉町）などに定住が始まる。 |
| 弥生時代 | 3世紀頃 | 「魏志倭人伝」に「対馬国」に関する記述が登場する。 |
| 古墳時代 | 5世紀中期 | 古墳が造られ始める。根曽1号墳（美津島町）・矢立山古墳（厳原町） |
| 飛鳥時代 | 608年 | 遣隋使、小野妹子一行・隋使、裴世清一行が対馬を通る。 |
| 飛鳥時代 | 663年 | 白村江の戦いで日本（倭国）は唐と新羅に惨敗する。 |
| 飛鳥時代 | 664年 | 対馬国に防人が配置され、烽台も8ヵ所に設置される。 |
| 飛鳥時代 | 667年 | 金田城が築かれる。 |
| 飛鳥時代 | 701年 | 対馬で産出した金を朝廷に献上。日本で最初の金の産出を記念して「大宝」の年号がたつ。 |
| 奈良時代 | 737年 |  |
| 平安時代 | 805年 | 第16次遣唐使に同行した最澄が対馬（阿連）に帰着する。 |
| 平安時代 | 894年 | 新羅の賊船100隻、約2500人が攻めてくるが、国司文屋善友らの活躍により撃退。 |
| 平安時代 | 1019年 | 刀伊の入寇。女真族の賊船約50隻が来襲し、島民36人を殺害。346人を連れ去る。 |
| 鎌倉時代 | 1274年 | 元寇（文永の役）。元・高麗軍4万人が小茂田浜に来襲。宗資国以下80余騎が戦死。 |
| 鎌倉時代 | 1281年 | 元寇（弘安の役）。元・高麗・旧南宋軍が再び来襲。 |
| 南北朝時代 | 1350年 | 倭寇が高麗を侵す。この頃、宗資国を祭神とする軍神社（小茂田濱神社）を建立。 |
| 南北朝時代 | 1366年 | 高麗国王より和平と倭寇の取り締まりの要請があり、4代目島主宗経茂は、家臣を高麗へ派遣。 |
| 室町時代 | 1408年 | 倭寇を鎮めて李朝朝鮮と通交、現在の峰町佐賀を府とする。 |
| 室町時代 | 1419年 | 応永の外寇（己亥東征）。李氏朝鮮国の1万7千人の大軍が浅茅湾に来襲、糠岳付近で合戦。 |
| 室町時代 | 1452年 | 宗貞盛死去。朝鮮国王が弔礼の、1隻は襲封祝賀の使船2隻を送る。 |
| 室町時代 | 1468年 | 府を国府（厳原）の中村に移す。 |
| 室町時代 | 1497年 | 対馬国を形のうえで分治していた少弐氏が亡び、名実ともに宗氏が対馬の島主となる。 |
| 室町時代 | 1510年 | 朝鮮との間に永正条約（壬申条約）を締結して、国交を回復する。 |
| 室町時代 | 1512年 | 朝鮮で三浦の乱が起こり、国交が断絶する。 |
| 安土桃山時代 | 1590年 | 宗義智、豊臣秀吉の命により朝鮮に渡り、通信使の黄允吉、金誠一等をともなって帰国。 |
| 安土桃山時代 | 1591年 | 宗義智、府中（厳原）に清水山城を築く。 |
| 安土桃山時代 | 1592年 | 豊臣秀吉が朝鮮出兵を命ずる。文禄の役（～1593年）。宗義智、小西行長とともに朝鮮へ出兵。 |
| 安土桃山時代 | 1597年 | 慶長の役（～1598年）。宗義智、朝鮮に出兵。 |
| 江戸時代 | 1599年～ | 朝鮮に度々家臣を派遣するも帰国せず。 |
| 江戸時代 | 1607年 | 朝鮮との国交修復。朝鮮通信使が来日し、宗義智が江戸まで護衛する。 |

## 飛鳥時代
### 白村江の戦いで大敗を喫し、金田城を築城

　7世紀半ば、朝鮮半島には、新羅、百済、高句麗の三国が分立していたが、新羅と唐が手を結び朝鮮半島の統一を進めたため、百済と国交を結んでいた倭国（日本）は援助要請を受け、663（天智2）年に援軍を送る。しかし軍船400隻を失う大敗を喫した（白村江の戦い）。これを機に倭国は唐が侵入してくることを警戒して、国防の前線基地として対馬の警備を強化。浅茅湾を望む山上に金田城を築き、防人をおいて襲来に備えた。

金田城は水平線を望む高台に造られた

## 江戸時代
### 朝鮮との国交が回復し、文化往来する華やかな時代へ

　朝鮮出兵で断絶した朝鮮との国交だが、江戸時代に入ると、徳川家から対馬藩の宗義智に国交回復が命ぜられる。粘り強い交渉の結果、ついに国交が回復（→P.112）、1607年から1811年までに、朝鮮の外交使節団朝鮮通信使が12回来日した。学術、芸術、産業など多方面で対馬と日本に影響を与えた。この日韓の平和構築と文化交流の歴史は「朝鮮通信使に関する記録　17世紀～19世紀の日韓間の平和構築と文化交流の歴史」として、ユネスコ世界記憶遺産に登録された。

厳原にある万松院は宗義智の冥福を祈って創建された

**voice** 江戸時代、朝鮮との外交に貢献したのが雨森芳洲だ。芳洲は釜山に3年間留学し朝鮮の言葉を習得。朝鮮通信使が来日した際は随行しおおいに活躍した。「互いに欺かず争わず真実を以って交わる」という誠心外交を説いたことでも有名だ。

対馬の歴史

History of Tsushima

日本本土と大陸の間に浮かび、古くから交通の要衝として重要な役割を果たしてきた対馬。朝鮮やロシア、中国との融和と衝突を繰り返しながら今に続く、国境の島の希有な歴史を知ろう。

## 江戸時代

**1609年**
宗義智、景轍玄蘇を朝鮮に派遣し、朝鮮国と慶長条約（己酉約条）を締結する。

**1635年**
重臣柳川調興が宗氏の国書改ざんを幕府へ直訴したが（柳川一件）、おとがめなしとなる。

**1669年**
朝鮮国訳官使船、鰐浦沖で遭難し乗員112名全員死亡。

**1703年**
府中金石の館に城櫓（鰐櫓）を築き、金石城と称する。

**1732年**
府中大火。消失家屋1299戸、寺院・神社31。幕府より米1万石の救援を受ける。

**1759年**
幕府より参覲交代金8万両を借入れ。

**1813年**
伊能忠敬の測量隊19名が府中に到着。

**1861年**
露艦ポサドニック号が尾崎浦に入り、芋崎を半年にわたり占拠。外交問題となる。

## 明治時代

**1869年**
宗義達、6月19日版籍奉還する。府中を厳原と改称。義達（重正）は厳原藩知事となる。

**1886年**
厳原支庁を対馬島庁と改称。

**1900年**
日本海軍を対馬警備隊と改称。

**1905年**
5月27日、日本海海戦（対馬沖海戦）に大勝。

## 昭和時代

**1945年**
対馬～博多間の定期船珠丸が壱岐勝本沖で触雷し沈没。545人遭難。

**1956年**
万関橋（アーチ橋）完成。

**1975年**
10月10日、対馬空港開港。対馬～福岡が空路で結ばれる。

## 平成時代

**1999年**
厳原～釜山間に高速船シーフラワー就航。

**2004年**
対馬～釜山間に高速船ビートル就航。

**2011年**
比田勝～釜山間にJR九州高速船ビートル就航。対馬6町が合併し対馬市が誕生。

---

## 2度の蒙古襲来に見舞われた対馬

時は鎌倉時代。対馬の沖に約2万8000の兵を率いる船団が現れた。その正体は13世紀、中国からヨーロッパまで、巨大な帝国を築いたフビライ・ハン率いる元の軍団。元は幾度も日本に臣下になるよう要求してきたが、時の執権北条時宗を中心とする鎌倉幕府はその要求を拒む。怒ったフビライは高麗を従え、1274（文永11）年10月5日、対馬に攻め入ってきた（文永の役）。対馬の守護代、宗資国はわずか80余騎を率いて小茂田浜で応戦するも戦死、島民も甚大な被害を受ける。その後、元軍は壱岐、博多に上陸し、激戦を展開した。元の攻撃を知った九州の武士たちは続々と集結し応戦、10月21日に元軍は撤退した。撤退の理由については長らく奇跡的な"神風"が吹き、元軍を破滅に導いたとされていたが、近年は武士たちが勇敢に戦ったこと、暴風雨がたまたま起きたこと、高麗の人々の反乱など複数の事象が重なったことを理由としている。

文永の役から7年後、再び元が対馬を襲撃する（弘安の役）。このときは、軍船4400艘、約14～15万の大規模な艦隊で、勝利は明白かと思われていたが、日本側は襲来に備え防衛策を講じていたため元軍は苦戦。対馬、壱岐、博多などでの2ヵ月に及ぶ戦闘の末、台風が襲来し、軍船の多くが沈没、損壊した。2度の元寇を退けたが、対馬が負った被害はあまりにも大きかった。文永の役で最初の戦地となった小茂田浜には元軍と壮絶に戦った宗助国を主祭神とし、元寇で戦死した家臣たちの魂を祀る小茂田濱神社が建てられている。

小茂田濱神社では11月、武士の子孫たちが鎧に身をかためて小茂田浜に集い、神主が海に向かって鏑矢を放つ「鳴弦の儀」が行われている

---

### 明治時代

**大国ロシアに勝利し、日露戦争終結へ**

1904年から始まった日露戦争。転換となったのが日本の連合艦隊とロシアのバルチック艦隊が対馬沖で戦った日本海海戦だ。東郷平八郎率いる連合艦隊はバルト海のロシア艦隊を対馬沖で待ちかまえ、1905年5月27日、28日の2日間にわたり襲撃。バルチック艦隊19隻を撃沈、7隻を捕獲し勝利した。この勝利を機にアメリカの仲介でポーツマス条約を結び、サハリンの一部の領土と中国東北部の権益が日本に譲渡されることとなった。

1900年に竣工した姫神山砲台。この頃島内に多数の砲台が造られた

### 平成時代

**41万人の韓国人観光客が訪れる国境の島**

北部の比田勝と釜山は高速船で約1時間10分という気軽さもあり、2018（平成30）年には日本人観光客の3倍近い41万人の韓国人が対馬を訪れた。ところが2019年、日本政府の韓国への輸出規制に反発した韓国人渡航者が減ったことに加え、2020年にコロナ禍に突入。定期船は約3年間休止し、観光産業は大打撃を受けた。歴史も文化、自然、どれを取っても奥深い対馬。もっと多くの日本人が島を訪れ、対馬の魅力に触れてほしい。

烏帽子岳展望所からの景色。対馬の豊かな自然を感じることができる

---

**voice** 現在、イノシシの被害に悩まされている対馬だが、実は1700年に陶山訥庵が提案した「猪・鹿追詰覚書」により、1709年に一度絶滅している。しかし1994年に献獣1頭が目撃され、それからうなぎのぼりで増殖。2011年には捕獲頭数が1万頭を超えた。

伝統行事や季節のイベントに参加しよう

# 対馬の祭り歳時記

| 1月 | 2月 | 3月 | 4月 | 5月 | 6月 |

祭り・イベント

## ■サンゾーロ祭（亀卜神事）
❖旧暦1月3日（1月下旬〜2月下旬）
❖雷神社／厳原町

豆酘にある雷神社の社前で、新年の祈祷と吉凶を占う亀卜（きぼく）が行われる。1871年までは、対馬藩の殿様の御運や藩中の動静などが公式に占われた。

かつては貿易の吉凶や作物の豊凶も占われた

## ■十日えびす
❖1月10日
❖恵比寿神社／美津島町など

各地の恵比寿神社で行われる、豊漁や航海安全、商売繁盛などを祈願する祭り。美津島の高浜漁港では神事のあとにブリやクエなどを放流する。

## ■対馬物語（ミュージカル）
❖時期不定
❖対馬市交流センター／厳原町

名君と称される宗氏19代当主、宗義智公と、正室マリアの物語をミュージカルに。対馬が果たしてきた歴史的な役割についても学べる。

## ■千尋藻みなと祭り
❖4月10日
❖恵比寿神社など／豊玉町

豊漁を祈願する神事のあと、大漁旗を掲げた漁船が出航。20艘ほどの漁船が連なる勇壮な海上パレードを見に、多くの観光客が訪れる。

全国から漁業関係者が訪れる有名な海祭り

## ■ひとつばたご祭り
❖4月下旬〜5月上旬
❖鰐浦地区／上対馬町

対馬の木でもあるヒトツバタゴの開花期に合わせ、日本最大級の群生地、鰐浦地区で行われる祭り。ステージイベントや出店なども並びにぎわう。

周辺を明るくするほど白い花。別名ウミテラシ

## ■国境マラソン IN 対馬
❖6月下旬
❖三宇田浜海水浴場ほか／上対馬町

上対馬町の海沿いを走る10kmとハーフのマラソン大会。アップダウンが激しい過酷なコースとして知られる。例年、韓国からも多くの参加者が訪れる。

起伏の激しさに加え、初夏の暑さも加わり過酷！

## ■あじさい祭り
❖6月下旬
❖湊浜シーランドステージほか／上県町

上県町の佐護にある湊浜シーランドステージから、異国の見える丘展望所までのあじさいロードを歩くウォーキングイベント。出店では料理やお菓子も。

色とりどりのアジサイが咲くコースは往復約5km

見どころ・旬の遊び

## ■マナヅルの飛来
❖2月〜3月下旬

繁殖地のシベリアに向かうマナヅルが、上県町の佐護などに飛来する。3月中旬頃には、ナベヅルも見られる。

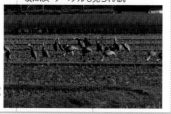

稲を刈り取ったあとの田んぼなどで観察できる

## ■新緑
❖4月下旬〜5月

初春の森は、深い緑のなかに新緑が交じる独特の景観。生命力に満ちた森を眺めながらのトレッキングが楽しみ。

城山（金田城跡）の山頂から新緑の山々を一望

## ■トレッキング
❖4〜6月

年間を通して楽しめるトレッキングだが、暑すぎず寒すぎない4〜6月がベストシーズン。

梅雨の前は、晴れる日が多く登山に最適

地域の祭りは地元の人たちが大切に守り続けてきた伝統の神事。見学する際はマナーを守り、参加者のじゃまにならないよう注意しよう。

厳しい自然環境のなかで、独自の文化を育んできた対馬の人々。
今でも各地で伝統の祭礼や儀式、神社の大祭などが開かれている。
花の開花に合わせたイベントなど、旅行者が気軽に参加できるものもある。

※新型コロナウイルス感染症の影響で中止予定の祭り・イベントが多いので事前にご確認ください

Festivals of Tsushima

| 7月 | 8月 | 9月 | 10月 | 11月 | 12月 |
|---|---|---|---|---|---|

## ■ヤクマ祭
❖旧暦6月初午の日
（6月下旬～7月下旬／峰町）
❖青梅・木坂の海岸／峰町

ヤクマの塔と呼ばれる円錐状の石積みに御幣を立て、五穀豊穣などを祈願する。対馬独自の天道信仰の神事で、現在は青海と木坂にだけ伝承されている。

2012年に国選択無形民俗文化財に登録された

## ■地蔵盆
❖7月24日
❖厳原中心部／厳原町

浴衣を着た子供たちが町内のお地蔵様にお参りし、大人からお菓子をもらう。厳原の子供たちの夏の楽しみになっている。

子供たちの健やかな成長を願う伝統の祭り

## ■対馬厳原港まつり
❖8月第1土・日曜
❖厳原港ほか／厳原町

ステージイベントや伝統の和船レース、舟グローなどで盛り上がる対馬の夏の風物詩。華やかに着飾った朝鮮通信使の再現パレードも見もの。

地元の人たちが楽しむ、対馬を代表する夏祭り

## ■和多都美神社古式大祭
❖旧暦8月1日
（8月下旬～9月下旬）
❖和多都美神社／豊玉町

芸能史上、最古の舞と評される国選択民俗文化財の命婦（みょうぶ）の舞が奉納される。神社前の浅茅湾では、船の競漕神事である舟グローが開催される。

鈴を持った命婦が神々に舞を奉納する神事

## ■厳原八幡宮大祭
❖旧暦8月15日（9月中旬～10月中旬）
❖八幡宮神社／厳原町

厳原市街に立つ八幡宮神社で開催される夏祭り。境内や周辺には屋台が並び、地元の人でにぎわう。また神輿とともに宮司や氏子の行列が練り歩く。

神幸式（おさがり）では神体が神輿に移される

## ■万松院まつり
❖10月上旬　❖万松院／厳原町

1年に一度、万松院の約350基の石灯籠に明かりがともされ、提灯を手に参拝できる。墓所へと続く石段が暗闇の中、淡い光に浮かび上がり幻想的。

石灯籠に火がともるのは17:30頃。幽玄の世界へ

## ■初午祭
❖10月第3日曜
❖目保呂ダム馬事公園／上県町

対州馬は絶滅が危惧され保護されている日本在来馬のひとつ。初午祭は2002年に有志により復活したもの。当日は「馬とばせ」と呼ばれる対州馬のレースで盛り上がる。

小柄で穏やかな性格の対州馬だがパワーがある

## ■小茂田濱神社大祭
❖11月第2日曜
❖小茂田濱神社／厳原町

元寇（文永の役）で全滅した宗資国と家臣団の慰霊祭。鎧を着た武士の子孫たちが、小茂田浜へと向かう。神主が海に鏑矢を放つ「鳴弦の儀」が行われる。

## ■オヒデリ様
（元山送り）
❖旧暦11月9日
（12月上旬～12月下旬）
❖雷神社／厳原町

神無月に不在にする雷命の代わりに、村を守っていたオヒデリ様（お日照様）を山にお返しする神事。「いざや、いざや、とのばらを、もとのおやまにおおくりもうす」との掛け声が響く。

聖域にあるオヒデリ様の祠に祈りをささげる

奉納相撲や奉納太鼓のほか、屋台も出る

---

## ■海水浴
❖7～8月

上対馬の三宇田浜海水浴場をはじめ、点在するビーチで海水浴を楽しむ。7月下旬～8月中旬がにぎわうシーズン。

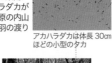
西海岸の小茂田浜は防波堤があり穏やか

## ■アカハラダカの渡り
❖9月

この時期、越冬のため東南アジアへ向かうアカハラダカが対馬に飛来する。厳原の内山峠展望台などで数千羽の渡りを観察できる。

アカハラダカは体長30cmほどの小型のタカ

## ■トレッキング
❖9～11月

台風に注意すれば、天候が安定するこの時期はトレッキングのベストシーズン。

龍良山には、国内有数の原生林が残っている

## ■紅葉
❖11月

上対馬の舟志森林公園は、約7kmにわたってモミジやカエデが色づく「もみじ街道」が有名。

舟志森林公園はドライブでも紅葉を楽しめる

---

家具職人

## 阿比留 恭二 さん

\* Kyoji Abiru

1. 無心になれる作業が好き、という阿比留さん。工房には家具制作に使う道具が整然と並んでいる
2. ギャラリーには妻の優子さんが作る雑貨も並ぶ
3. ギャラリーはおしゃれなカフェのような雰囲気。対馬島内のショップなど店舗のリノベーションも手掛けている

対馬中部の峰町に、完成まで1年待ちというオーダーメイドの家具製作所がある。2008年に開業したKiiroの家具は、その名のとおり木の色を生かしたぬくもりある風合いが特徴。

「Kiiroの家具は対馬のヒノキを使うのがコンセプト」と言うのは、Kiiroを立ち上げた家具職人の阿比留恭二さん。対馬にはかつて植林されたヒノキやスギ林が多く残っているが、管理が行き届かないことが問題になっている。「間伐材を使うことで少しでも対馬の森林を守ることにつながればいい」と阿比留さん。もちろんビジネスとしての戦略にもぬかりはなく「対馬の材料を使ったほうが興味をもってもらえるのではないかと思って」と笑う。

対馬で開業したのも、競争相手が少ない島に勝算があると判断したから。のんびりとした口調とは裏腹に、自分のスキルや立ち位置をきちんと分析するリアリストなのだ。

「開業当時に、まず自分のことを知ってもらおうと間伐材コンクールに出品しました。そこで賞をもらったことでメディアに取り上げていただき、注文が入るようになりました」

コンクール受賞は独立の半年後。それから約15年間、家具の注文が途切れることはない。「思ったより早く軌道に乗った」と言う阿比留さんだが、これだけの高評価は、彼の勤勉で誠実な性格によるところが大きい。

「家具を作るときは今でも不安でいっぱいですよ。木材の切断は間違えないように細心の注意を払いますし、納期を守るのに必死。梱包時も傷つけないかドキドキしています」

冷静な分析と行動力で、対馬ならではの仕事を生み出した阿比留さん。今後は「眺めのいい場所でカフェができたらいいですよね。自分で作った家具を置いた居心地のいい空間になったら最高です」と話してくれた。

## 間伐材を使ったオーダーメイドの家具で 対馬ならではの仕事を生み出す

Profile ＊ あびる きょうじ
建築の専門学校を卒業後、対馬の製材所を経て、福岡の家具会社で2年間家具の制作に携わる。2008年にKiiroを開業。椅子制作のワークショップなども開催し好評を博している。

Kiiroの製作所の横にあるギャラリーは不定期営業。興味がある場合は問い合わせを。 MAP P.85A1 住 対馬市峰町三根173-3 電 (0920) 83-0232 時 要問い合わせ 休 不定休 駐車場 あり URL www.ki-iro.jp

対馬のヒノキを使ってオーダーメイドの家具を作る阿比留さん、
1500年の歴史をもつニホンミツバチの養蜂を行う扇さん。
島の豊かな自然の中で仕事をするおふたりに、その魅力を聞いた

養蜂家

## 扇 米稔 さん

* Yonetoshi Ogi

1. 扇さんは、島内でよく見かける筒形ではなく板を四角く組んだ蜂洞を使う。1段ごとに切り離せるので分蜂や採蜜がしやすい
2. ハチミツを採り過ぎず残してあげると、ミツバチの体力が落ちず病気になりにくい
3. ミツバチが春から秋にかけて集めたハチミツを9月に採蜜する

　対馬の道端や駐車場脇などで見かける丸太のような筒。これは蜂洞と呼ばれるミツバチの巣箱。対馬は日本で唯一、セイヨウミツバチがいない島といわれており、貴重なニホンミツバチのハチミツが採れることで知られている。

　「対馬では1500年前から養蜂が行われてきました。江戸時代には将軍に献上した記録が残っています」と話すのは扇米稔さん。養蜂歴45年以上というベテランだ。対馬の養蜂家は約1000人といわれているが、すべて専業ではなく「趣味の養蜂」。島の養蜂家たちはミツバチをペットのように愛情をもって育てている。「養蜂で楽しいのは採蜜と分蜂」と言う扇さんも「特に群れを増やす分蜂は家族が増えるようでうれしい」と目を細める。

　そんな歴史ある対馬の養蜂も採蜜量は減少傾向。気候変動の影響に加え、シカやイノシシが増えて蜜源が減ったことが理由だ。

　「特定外来生物のツマアカスズメバチが増え、ミツバチが襲われているのも脅威です。春にペットボトルを使ったトラップを仕掛けていますが、女王蜂がたくさん入りますよ」

　さらに深刻なのはウイルス性のサックブルード病。成虫が感染を拡大させ、対処を誤ると一帯のミツバチが全滅することもある。

　「感染に気付いたら群れごと焼いて感染拡大を防ぐ必要があります。でも愛着のあるミツバチはなかなか殺せない。これができないと群れは守れないですけどね……」

　試行錯誤しながら島内随一の養蜂の技術を磨いてきた扇さん。長年培った養蜂の知識をみんなに惜しみなく与えている。

　「お互い、ミツバチを飼って楽しんでいる仲間という感覚ですから」と言う扇さんに養蜂の極意を訪ねると「ミツバチを好きになる、それに尽きますよ」と笑った。

## 愛情をもってミツバチを育てる……
## 1500年の歴史を誇る対馬の養蜂

Profile * おおぎ　よねとし
1977年に養蜂を開始。電気工事店を経営しながら分蜂や採蜜、病気への対処などの研究を重ね、経験も豊富な島内随一の養蜂家。対馬には扇さんからミツバチを分けてもらった人も多数。

　体も群れも小さいニホンミツバチの採蜜は1年に1回だけ。春から秋までさまざまな花から集められたハチミツは百花蜜と呼ばれ、独特の風味を楽しめると評価が高い。百花蜜の流通量はとても少ないため、貴重で高価なハチミツとして知られている。

対馬の豊かな自然を舞台に
新たな挑戦を続ける移住者ストーリー

# 島に恋して

与えられた役割をえり好みせず、全部受け入れてやってみる！何でも楽しめるマインドが重要です

一般社団法人 対馬里山繋営塾（けいえいじゅく）
## 川口 幹子さん

上／オフィスは志多留地区の木造古民家。川口さんが移住してから、訪れる人も増えた
下／事業を拡大するたびに島内外からスタッフを募集し雇用を生み出す。インターンも積極的に受け入れている

### 人口50人ほどの限界集落で
### 仕事も子育ても全力投球！

　2011年6月から対馬で暮らす川口幹子さん。農泊や民泊のコーディネート、農泊の宿泊斡旋や教育旅行のコーディネート、ツアー企画、観光ガイドなどを手がける一般社団法人の代表理事を務める。
　「大学で生態学の研究者として働いていたのですが、研究室で論文を書くのではなく、現場に出て手足を動かしたいという葛藤を抱えていました」
　そんなとき見つけたのが対馬の島おこし協働隊（地域おこし協力隊）の募集。対馬のことは知らなかったという川口さんだが、研究職を辞して対馬に移住した。
　「島おこし協働隊では地域づくりの活動に力を入れていました。任期は3年なのですが、任期終了後も地域づくりの活動を続けたかったので、2013年にMITという地域創生事業に取り組む法人を、その

後2018年に独立して対馬里山繋営塾を立ち上げました」
　生活と活動の拠点は北部の志多留地区。人口50人ほどの限界集落だが、川口さんはこの場所に一目ぼれしたと言う。
　「小さな集落に海も山も川も田畑もすべてがあり、なんて魅力的な場所なんだろうと思いました。エコツーリズムや環境教育のフィールドにぴったり！とも（笑）」
　稲作伝来の地と聞いて米作りに挑戦したり、集落のすべての家にお茶を飲みに行ったり、積極的に地域に溶け込んでいった川口さん。現在は同じ集落の漁師と結婚し、2人の子供を育てている。
　「長男は志多留で21年ぶりの子供だったので、集落のみんなが親戚のようにかわいがってくれます」と笑う川口さん。島暮らしを成功させる秘訣を聞くと「毎日、予想外のことがありますが、何が起きてもどんなことでも楽しめる、ということですかね（笑）」と答えてくれた。

*Profile* ＊ かわぐち もとこ
生態学の研究者を経て、2011年6月に対馬に移住。（一社）対馬里山繋営塾代表理事、対馬グリーン・ブルーツーリズム協会事務局長。
URL www.satoyama-keieijuku.com

110

VOICE／川口さんが島おこし協働隊の任期中に始めたプロジェクトのひとつに「島おこし実践塾」がある。これは大学生を中心に地域おこしや里山の保全について学ぶ合宿型のセミナー。参加をきっかけに対馬に移住した人もいるほど好評だったそう。

島の約89％が森林に覆われ、栄養豊かな海に囲まれた対馬。
"自然とともに暮らしたい"と移住する人が増えているそう。
だが、そこで気になるのが仕事の有無。持ち前の行動力とアイデアで、
新たな仕事を生み出した2人に話を聞いた。

合同会社フラットアワー
**銭本 慧**さん

地域の資源を活用するなど
地元のためになることを意識すれば
移住後の仕事が長続きすると思います

## 対馬北部の小さな漁村から
## 持続可能な漁業を目指す

対馬で捕れた新鮮な魚を、全国の消費者に直接販売する会社を経営する銭本慧さん。水産資源の研究に取り組んでいた銭本さんが移住を決めたのには明確な理由があった。

「衰退していく日本の水産業を何とかしたいという気持ちで研究を続けていましたが、あるときから現場で問題の解決法を探るほうが自分に合っているのではないか、と考えるようになりました」

水産資源を増やすためには捕りすぎない漁業への転換が必要。しかし漁獲量の規制だけでは漁師の収入が減ってしまう。そこで、直接消費者に届けることで付加価値をつけることにした。

「1匹ずつていねいに処理し、品質を保ったまま販売できれば、魚の単価が上がり漁師さんにも多く支払えますからね」

移住先は海が豊かな場所に絞って5ヵ所を視察。最終的に役所の人が親身になってくれたり、タイミングよく地元の漁師とつながられたりした対馬を選んだ。

「最初は地域創生に取り組む企業で働きながら、漁師さんの手伝いをしていました。そのうち船を譲ってもらえることになり、自分の捕った魚も販売できるようになったところで独立に踏み切りました」

同じ思いをもつ研究者時代の後輩とともにフラットアワーを設立し、漁師から仕入れた魚と自分たちで捕った魚の直販を始めた。軌道にのるまでには3〜4年かかったというが、質のよい魚は評判がよく、飲食店での取り扱いも増えている。

「魚の処理・管理をきちんとしてくれる漁師さんが増え、顧客も増え、いい流れができています」と銭本さん。鮮魚という対馬の魅力と今まで培ってきた自分の能力を掛け合わせ地元に貢献する、理想的な移住スタイルを確立している。

上／フラットアワーの看板商品は脂がのったブランド魚「いなサバ」。一本釣りのマサバをていねいに処理し、氷水で締めてから出荷する
下／志多留のオフィス。現地採用のスタッフも増えている

*Profile* ＊ ぜにもと けい
海洋物理学の研究者を経て2014年4月に対馬に移住。2016年に対馬の魚を直販するフラットアワーを設立。釣り体験などのブルーツーリズムにも力を入れている。　URL flathour.com

VOICE　対馬のブランド魚は伊奈漁協のマサバ「いなサバ」のほか、上県町漁協のアカムツ（ノドグロ）「紅瞳」、上対馬町漁協のアカアマダイ「紅王」、タチウオ「銀太」などが知られている。見つけたら食べてみて！

111

# 対馬藩と朝鮮通信使

## 対馬藩と李王朝の交易の始まり

厳原にある「対馬朝鮮通信使歴史館」では、朝鮮通信使の歴史や対馬との関わり、雨森芳洲の誠信外交（→ P.113）などについて紹介している

対馬と朝鮮との交易が正式に始まったのは 14 世紀の中頃。高麗国から対馬の島主宗氏に倭寇の取り締まりの要請があり、両者の通交が始まった。高麗の次に立った李氏朝鮮も宗氏との関係を継続し、1443 年には李氏朝鮮と宗氏との間で貿易に関する協定、嘉吉条約が締結される。これにより、宗氏は日朝貿易に独占的な権利をもつことになる。

しかし豊臣秀吉により、1592 年の文禄の役、1597 年の慶長の役という 2 度の朝鮮侵略が起こる。宗氏はキリシタン大名の小西行長などを通して和平工作を講じたが、秀吉の心が変わることはなく、宗氏は 2 度とも一番隊を務めさせられている。1598 年の秀吉の死去により終戦を迎えたが、その後数年間は朝鮮との断絶状態が続き、朝鮮との貿易に頼っていた対馬にとっては冬の時代となった。

## お家断絶の危機 !?　国書の偽造と改ざん

左／室町時代に対馬藩が足利将軍印を偽造した「徳有鄰」印　右／安土桃山時代に対馬藩が朝鮮王朝の印を偽造した「為政以徳」印　※どちらも対馬博物館に複製品を展示

宗氏は慶長の役が終わった翌年から、朝鮮への使者を何度も派遣している。最初は使者が戻ってくることはなかったが、先の侵略で連れてこられた被虜人を送還するなどの誠意を見せ、また朝鮮半島に駐留していた明軍が引き上げたこともあって徐々に講和の交渉が進む。こうして 1607 年に第 1 回目の朝鮮使節が日本へと派遣され、1609 年には朝鮮と対馬との間で貿易が再開された。

しかし朝鮮使節の派遣にともない、宗氏はさまざまな根回しや交渉を行う必要があり、ときにはかなりの無理を強いられることもあった。その最たるものが交渉をスムーズに行うための、国書の偽造と改ざん。そして 3 代将軍家光の時代に、対馬藩の重臣柳川調興の告発によりこれが明るみに出てしまう。ところが幕府は宗義成を無罪、訴えた柳川調興を流罪と裁決した。このことからも日朝外交において、対馬の重要性を幕府も認めていたことがわかる。

## 豪華絢爛な大行列、往復 4000km の道のり

朝鮮通信使は徳川将軍の代が替わるたびに「慶賀」のために派遣され、江戸時代の約 200 年間に 12 回を数えた（初めの 3 回は回答兼刷還使）。使節団は 400 〜 500 人で構成され、釜山から対馬を経由し、各地に寄港しながら淀川を遡上。そこから陸路で江戸を目指す往復 4000km の道のり。期間にして 5 〜 8 ヵ月を費やしたという。道中の世話は対馬藩の役目で、準備から通信使帰国後のお礼の使節団派遣まで、前後 3 年間をかけての大イベント。接待や警備の負担は並大抵のものではなかった。そこまでしても割に合うほど、日朝貿易の利潤は大きかったともいえる。

朝鮮国信使絵巻（上巻）。朝鮮通信使の行列を描く貴重な資料。上下巻に分かれるが、もとは 1 巻だったと推測されている
長崎県対馬歴史研究センター所蔵

**voice**　日本と朝鮮の国交が回復し、対馬藩の朝鮮貿易が再開されると、釜山にあった倭館も再開された。草梁（そうりょう）に建てられた倭館は約 10 万坪の敷地をもち、そこに 500 人ほどの対馬藩士などが滞在し貿易実務にあたっていた。

朝鮮通信使とは、日本と朝鮮国の関係を良好に保つため、
朝鮮国から日本に派遣された外交使節団のこと。
対馬藩は釜山と江戸を往復する朝鮮通信使の案内のすべてを取り仕切り、
日本と朝鮮国の間を取り持つ役割も果たしていた。

## 日本文化の礎となった国際交流使節

　朝鮮通信使の使節団には、朝鮮を代表する学者や書家、画家、楽士などが選ばれており文化使節団としての性格も強かった。日本の学者や芸術家は彼らの来日を心待ちにしており、宿泊先では筆談によってさまざまな分野の交流が行われた。この交流により日本にいながら朝鮮半島や中国の文化、情報に触れることができ、日本文化に大きな影響を与えた。また華やかに着飾った通信使の行列は見事なもので、沿道には多くの民衆が集まるなど、国を挙げての一大行事だったことがうかがえる。

厳原の西山寺には、朝鮮外交のための江戸幕府の出先機関「以酊庵」がおかれていた

## 儒学者、雨森芳洲（あめのもりほうしゅう）の誠信外交とは？

8月の第1土・日曜に開催される「対馬厳原まつり」では朝鮮通信使の行列が再現される

　雨森芳洲は、木下順庵門下の儒者で対馬藩に仕官した人物。中国語と朝鮮語を習得し、朝鮮通信使が来日した際には真文役（外交官）として随行した。通信使と幕府との折衝役も務め、その能力と真摯な態度は国内はもとより朝鮮国からも高く評価されている。芳洲が61歳のときに藩主に提出した『交隣提醒』には、朝鮮外交の心得として、相手の歴史、風俗、慣習、考え方などを理解し、それを尊重しあって実意（まごころ）を尽くして交際する、すなわち誠信外交の大切さが書かれており、現在の対馬にも通ずる思想としてあらためて注目されている。

## 朝鮮通信使の道のり

　釜山を出発した朝鮮通信使が、日本で最初に寄港するのが対馬。上対馬の佐須奈や鰐浦に入港した後、東海岸を航路で移動し、大浦、泉、西泊、琴、佐賀、鴨居瀬、大船越、難知などのうち4～5ヵ所に船上泊で寄港しながら厳原を目指した。

朝鮮半島　往路 ━━　復路 ━━

日本　陸路 ━━　海路 ┄┄（一部河川）

漢陽（ソウル）・聞慶・安東・慶州・大邱・密陽・東莱・釜山・鰐浦・佐須奈・西泊・小船越・府中（厳原）・風本（勝本）・相島・赤間関（下関）・上関・蒲刈・牛窓・下津・鞆の浦・室津・明石・兵庫・大坂・淀・京都・近江八幡・彦根・大垣・高月（長浜）・名古屋・岡崎・吉田（豊橋）・浜松・掛川・三島・清見寺・吉原（富士）・箱根・小田原・大磯・品川・江戸（東京）・春日部・小山・今市・宇都宮・日光

朝鮮国使絵巻（文化度）。1811年の朝鮮通信使を描いたもの。簡略化されたため、通信使は江戸に行かず対馬で聘礼行事が行われた
長崎県対馬歴史研究センター所蔵

VOICE ツシマヤマネコの「つしにゃん」をリーダーとする「対馬あっぽ隊」は、対馬の観光大使。隊員はつしにゃんの弟「つっしー」や貝をモチーフにした「サザえん」「アワびん」「ヒオウぎん」、アナゴの「西沖あな五郎」「東沖あな五郎」など個性的！

# 旅行前に読んでおきたい
# 対馬本
# セレクション

対馬について書かれた本を読んで
現地情報をチェックしておくと、
島での楽しみが倍増！ 歴史や文
化、自然など多様な角度から書か
れた本が揃っている。

写真が
美しい！

図鑑

**『対馬の鳥と自然』**
川口誠　前田剛　編
長崎新聞社　税込 1760 円
野鳥の宝庫、対馬で見られる鳥の図鑑と
フィールドガイドをまとめた 1 冊。バー
ドウォッチングのノウハウも役立つ。

写真集

**『対馬の植物』**
國分英俊　國分愛子　著
あるむ　税込 2750 円
厳原町出身の夫婦が二人三脚で撮影し
た、島の四季を記録した写真集。対馬
の固有種を含む 708 種を掲載している。

旅の予習に
ぴったり♪

紀行

**『聖地巡礼　コンティニュード』**
内田樹　釈徹宗　著
東京書籍　税込 1980 円
日本人が失っている霊性を再発見すべく、
日本の聖地を巡礼するシリーズ第 4 弾。
対馬の歴史や信仰に触れる 3 日間の旅へ。

紀行

**『私の日本地図 15 壱岐・対馬紀行』**
宮本常一　著
未来社　税込 3080 円
民俗学の権威である著者が、対馬へ 3 回、
壱岐へ 2 回訪れ見聞きした島の文化につ
いて、約 300 枚の写真とともにつづる。

紀行

**『街道をゆく 13 壱岐・対馬の道』**
司馬遼太郎　著
朝日新聞出版　税込 682 円
急死した旧友の故郷を訪ね、壱岐・対馬
を訪れる著者。朝鮮半島との中継地であ
り続けたふたつの島での体験を語る。

誠信、つまり
多文化共生！

歴史

**『朝鮮通信使』**
仲尾宏　著
岩波書店　税込 814 円
江戸時代、朝鮮国から送られた使者、朝
鮮通信使の実態と意義を考える。対馬藩
の外交関係を担った雨森芳洲にも触れる。

歴史

**『世界史のなかの蒙古襲来』**
宮脇淳子　著
扶桑社　税込 1155 円
元寇とは何だったのか。蒙古、高麗、日本、
それぞれにとっての蒙古襲来の意義と日
本人の誤解を、歴史から検証する。

歴史

**『元寇と対馬の歴史』**
英賀千尋　夏池雄一　著
ビジネス教育出版社　税込 1540 円
2 度の蒙古襲来（元寇）がどのように起
きたのか、マンガとコラムでわかりやす
く学べる入門書。観光スポットも紹介。

## 旅の情報源！　お役立ちウェブサイト

▶ **対馬観光物産協会** www.tsushima-net.org
観光スポットや食事処、宿泊施設など基本情報を網羅している。

▶ **エヌの世界** kacchell-tsushima.net
観光物産協会の事務局長エヌ氏がお届けする自然や歴史、文化の情報サイト。

▶ **対馬植物図鑑** plant.kacchell-tsushima.net
大陸系や固有種など対馬で見られる植物を、写真とともに紹介するウェブ図鑑。

▶ **長崎しま旅行こう** www.nagasaki-tabinet.com/islands
ながさき旅ネットの島旅専用ページ。対馬のほか周辺の島々についても紹介。

コミック

鎌倉時代の対馬、
元寇を描く歴史ロマン
**『アンゴルモア 元寇合戦記』**
KADOKAWA　税込 638 円（第 1 巻）

鎌倉時代に起きた元
寇（文永の役）を舞
台に対馬の戦を描く
歴史マンガ。蒙古軍
との迫力の合戦シー
ンは見応え十分。10
巻で完結し、現在は
博多編が連載中。

Voice

対馬の雰囲気を感じられると評判なのが、PlayStation 4・5 のゲーム「Ghost of Tsushima」。元寇を題材にしており、舞
台は対馬がモチーフ。まったく同じではないが、似た場所が出てくるので中世の対馬を旅しているような気分になれる。→ P.66

115

母が人前に出て、私は後ろで支えるという二人三脚でした

## 常連客に愛される
## 厳原の小さな居酒屋

　厳原の中心地にたたずむ小料理屋「お多幸」は、島内外に多くのファンをもつ人気店。常連客のお目当ては名物女将の江﨑マス子さん。博学のマス子さんは、長らく軽妙なトークで訪れる客を楽しませてきた。しかし2021年11月、マス子さんは90歳で永眠。現在は娘の清水悦江さんがお多幸を守っている。

　「母がお多幸の女将になったのは私が16歳のときでした。私も学校に通いながら手伝っていたので、お多幸には思い入れがあるんです」と話す悦江さん。マス子さんは仕事で忙しく、2人の弟の面倒は悦江さんが見ることが多かった。

　「母は話が上手な華やかな人でしたから、母が人前に出て、私は後ろで

久しぶりの出会いを喜ぶマス子さんと相川さん。会うたびに贈り物をし合う仲だった（2021年10月）

### お多幸
### 清水 悦江 さん
（しみず えつえ）

支えるという二人三脚の役割ができていましたね」

　詩人でもあったマス子さんは詩集を出しており、対馬の方言で読んだ詩集『こうこいも』は日本児童文学者協会が主催する三越左千夫少年詩賞を受賞している。そこにも悦江さんの助言があった。

　「私は奥ゆかしい対馬の方言に興味をもっていて、中学生のときに母に方言を使って詩を書いてほしいと頼んだんです。母が書いた詩には共感できたので、やっぱり感受性が似ていたんでしょうね（笑）」

## 母娘、2代にわたり
## 続く名物女将の系譜

　先代女将のマス子さんには著名人のファンが多いが、歌手の相川七瀬さんもそのひとり。大学で神道を学んでいる相川さんは、古代米の赤米を文化として保存・継承する赤米大使に任命されており、その活動の一環で対馬を訪れることが多い。対馬を「第二の故郷」と呼ぶ相川さんが来島するたびに立ち寄るのがお多幸なのだ。

　「相川さんは、母との会話を楽し

マス子さんが庭に植えた花が、万華鏡のように咲くのが楽しみ、という悦江さん

みにしてくださっていました。母も相川さんの歌を聞いたり、小説を読んだりしていましたよ」

　常連客はロの字型のカウンターに座り、同じくカウンターに座ったマス子さんの話を聞くのが定番。相川さんとは対馬の歴史や赤米の話で盛り上がったそうだ。

　「私もお客さんと話すのは好きなので、事前に調べて話題作りをしています。若い人にも喜んでもらえるイケメンの写真を保存しておくこともあるんですよ」と笑う悦子さん。常連客からは「お母さんによく似ているから、さびしくないよ」と言われるそう。

　「母は対馬の自然を愛していて、家の周りでたくさんの植物を育てていました。これからは母が残してくれた植物とお多幸を大切にしていきたいと思っています」

お多幸→P.81

出発前にチェックしておきたい！

# 旅の基本情報
## Basic Information
!

対馬の旅を安全に楽しむための基本情報をご紹介。

島への行き方からシーズンや見どころ、お金の話まで、

知っておいて損はないトピックスを網羅しました。

# 旅の基礎知識

旅行の前に
知っておきたい！

栄養豊富な対馬海峡に浮かぶ対馬は、山地に覆われた自然が豊かな島。
どんな休日を過ごせるのか？旅行前に知っておきたいポイントを紹介。

万松院の石段
百雁木

## PART 1

## まずは対馬について知ろう

トレッキングやマリンスポーツ、歴史遺産など、対馬の多彩な魅力をチェック！

### ◇ とにかく広い！余裕をもって移動を

初めて対馬を訪れると、その広さに驚かされる。面積は707.42㎡あり、沖縄本島と北方領土を除くと佐渡、奄美大島に次いで大きな島になる。山道や細い道が多く、移動には時間がかかるので、予定を入れ過ぎないように注意しよう。

空の玄関口は美津島町の対馬空港（対馬やまねこ空港）、船は厳原町の厳原港と上対馬町の比田勝港を利用する。宿泊施設はおもに厳原中心部と比田勝港周辺に集中し、それ以外に小さな民宿が点在。また島の人と交流できる民泊が盛んなのも特徴だ。

対馬の南部と北部をつなぐ万関橋。写真は1996年に架けられた3代目

### ◇ 島土の89%を山地が占める圧倒的な自然の存在感

九州と朝鮮半島に挟まれた対馬海峡に浮かぶ対馬。東シナ海で生まれた魚は、対馬暖流にのって成長しながら日本海へ向かう。そのため対馬近海は多種多様な魚が捕れる良質な漁場になっている。

島内には標高200〜300mの山が連なり、うっそうとした森林が広がる。龍良山や白嶽には原生林が残っており、天然の照葉樹林の中を歩くトレッキングが人気だ。動植物は大陸系と日本本土系が混在し、対馬の固有種も見られる独特の生物相を形成している。

島のほぼ全域にリアス海岸が延び、なかでも中央部の浅茅湾は日本有数の規模。穏やかな入江はシーカヤックやSUPのフィールドになっているほか、真珠やマグロの養殖も盛んだ。

天道信仰の聖地だった龍良山には、日本最大規模の照葉樹林が残る

### ◇ 国境に浮かぶ島として古代から重要な役割をもつ

対馬は朝鮮半島まで直線で49.5kmという国境の島。古くから大陸と交流をもち、紀元前から九州と朝鮮半島を結ぶ海上交通の拠点だった。金属器や漢字、仏教、政治制度など、

城山に築かれた金田城跡では、海からの敵に備えた石塁が見られる

対馬を経由して日本本土へと伝わった大陸文化は多い。国防の最前線にある島でもあり、唐・新羅の侵攻に備えて667年に築かれた金田城など遺跡が多く残っている。鎌倉時代に起きた2度にわたる元寇、豊臣秀吉による朝鮮出兵、その後に迎えた朝鮮通信使、そして日露戦争での日本海海戦など、日本の歴史のなかで対馬が関わり、果たした役割は大きい。

### ◇ 深い歴史を知ると旅の楽しさが倍増！

対馬は、鎌倉時代から江戸時代にかけて宗氏に統治され、戦国時代以降は戦場にならなかったため多くの史跡が残されている。城山にたたずむ金田城の石塁や各所にたたずむ砲台跡、厳原地区に点在する対馬藩ゆかりの史跡など、歴史を知ってから巡ると対馬の旅はよりおもしろくなる。

トレッキングやカヤックなどのアクティビティも、自然と触れ合うだけでなく、対馬の歴史や文化とつながっているのが魅力。海や山に人工物がほとんどなく、時空を超えて旅をしているようなロマンが感じられる。

また対馬はビーチの美しさもハイレベル。「日本の渚100選」に認定された三宇田浜海水浴場をはじめ、透明度の高い海に沿って延びる砂浜でくつろげる。

白砂ビーチと透明度の高い海が広がる、上対馬の三宇田浜海水浴場

voice 韓国の釜山からは、高速船で比田勝まで約1時間10分、厳原まで約2時間30分。日本から韓国経由で対馬を訪れる人もいるそう。韓国観光もできて一石二鳥とか。

対馬にだけ自生する
オウゴンオニユリ

## PART 2 対馬旅行のノウハウ Q & A
旅行計画を立てる前に、現地の気になるポイントを確認。

自然と触れ合えるトレッキング。
初心者はガイドツアーを

### シーズンの ノウハウ

**Q. ベストシーズンはいつ?**

**A. 海遊びは 7 月下旬〜8 月下旬がベスト**

海水浴シーズンは梅雨が明ける 7 月下旬から 8 月下旬まで。夏休みなので観光客が多くにぎやかだ。町歩きなどの観光は、暑すぎない 4 〜 5 月と 9 〜 11 月頃が快適。特に台風シーズンが終わる 10 〜 11 月は晴天率が高く、観光のベストシーズンといわれる。

夏は家族連れでにぎわう美津島町海水浴場。空港からのアクセスもいい

**Q. トレッキングの旬は?**

**A. 春と秋が快適だが 1 年中楽しめる**

対馬にはトレッキングに適した山がいくつもあり、年間を通して登山を楽しめる。気温が上がり過ぎない 4 〜 5 月と 9 〜 11 月がベストシーズンだが、特に 5 月初旬の新緑の季節は、山が生命力に満ち気持ちがいい。また 11 月の紅葉シーズンも木々が色づき美しい。

**Q. どんな服を着ていく?**

**A. 真夏以外は羽織るものを持って**

暖流の影響で気温差が少なく温暖。ただし、夏以外は風が吹くと肌寒く感じられることがあるため上着を 1 枚持っていこう。また冬は季節風の影響で冷え込むので、コートやジャンパーが必要。6 月中旬〜 7 月中旬の梅雨は雨具を用意、7 〜 9 月は台風の進路に注意して。

### 遊び方の ノウハウ

対馬空港へは、福岡空港と長崎空港から直行便が運航

**Q. 現地ツアーは予約が必要?**

**A. 旅行前の予約がベター**

当日、空いていれば参加できるアクティビティやガイドツアーもあるが、繁忙期はすぐに定員に達したり、予約がないと営業しなかったりすることもある。旅行の日程が決まったら、なるべく早めに予約をしておきたい。

**Q. 旅の情報収集はどこで?**

**A. 厳原の観光案内所へ**

厳原中心部の「観光情報館 ふれあい処つしま」に観光案内所があり、地図やパンフレットなどが揃っている。対馬に到着したら、ここで情報収集するといい。上対馬は比田勝港国際ターミナル内に観光案内所がある。

観光案内所には、歴史や文化に詳しいパンフレットが揃っている

**Q. 雨の日は何をする?**

**A. 文化体験や博物館へ**

厳原や美津島なら、そば打ち体験やレザークラフト体験、また「対馬博物館」や「対馬朝鮮通信使歴史館」で歴史を知るのがおすすめ。比田勝では真珠を使ったアクセサリー作りが人気だ。

対馬の名産、真珠を使ったオリジナルのアクセサリーを

自分への
おみやげに!

### お金のノウハウ

**Q. 旅の予算はどれくらい?**

**A. 1 泊 2 日で 6 万円台〜**

宿泊先や料理によって変わるが、東京〜福岡の割引航空券が往復 3 万 2000 円ほど、博多〜厳原の高速船は往復で 1 万 9000 円、宿泊が 6000 円、レンタカー 3000 円（ふたりで使用）。ほかに食事やアクティビティ代、おみやげ代などが必要。

**Q. ATM はどこにある?**

**A. 各地の郵便局や銀行を利用**

各地にゆうちょ銀行、十八親和銀行、JA の金融機関があり ATM が設置されている（一部ない店舗も）。厳原には 24 時間営業のファミリーマートがあり、ATM も利用できる。

厳原中心部には郵便局や銀行、コンビニエンスストアがあり安心

### Q. クレジットカードは使える?

#### A. 現金が主流だがキャッシュレス決済も

大型ホテルやレンタカー会社はクレジットカードが使えるが、飲食店やみやげ物店は現金払いが主流なので、多めに現金を持っていこう。最近では PayPay などキャッシュレス決済を導入する店が増えている。

# 食事のノウハウ

### Q. 対馬で絶対に食べたい料理は?

#### A. アナゴの刺身は驚きのおいしさ!

都道府県別のアナゴ漁獲量の 1 位は長崎県。その大部分を対馬が占めるほどアナゴ漁が盛ん。特に西の海域で捕れるアナゴは脂がのっている。甘味が上品な刺身のほか寿司や天ぷら、フライなどで味わえる。ほかにも養殖マグロやイカ、アマダイ、ノドグロ、ブリなど季節ごとに旬の魚介が食べられる。

マアナゴの刺身を初体験♪

ほっこり、アナゴの天ぷら

### Q. 飲食店の営業時間は?

#### A. 昼食の店は決めておこう

昼は 11:00 ～ 14:00、夜は 17:00 ～ 23:00 くらいの営業が多い。ラストオーダーは閉店の 30 分～ 1 時間前だが、客がいないと早めに閉めることも。ランチ営業している店が少ないので、アクティビティに参加する場合は、店を決めておくか、スーパーで弁当を買うといい。

レストランやカフェ、弁当店のテイクアウトも活用しよう

### Q. 飲食店は予約が必要?

#### A. 人気店は予約したほうが安心

飲食店の数が限られ、席数が少ない店もあるので、できれば予約をしておこう。定休日以外の休みや短縮営業も多いので確認したほうがいい。刺身やジビエなど目当ての食材がある場合は、予約時に相談すると用意してくれることもある。

迷ったときは刺身盛り!

## 宿泊のノウハウ

### Q. 宿泊するならどのエリア?

#### A. 宿は厳原中心地と比田勝に多い

宿泊施設は、南部の厳原中心地と北部の比田勝港周辺に集まっている。厳原から比田勝までは車で 1 時間 30 分以上かかるので、1 泊ずつしてみるのもいいだろう。ほかのエリアにも民宿や 1 軒貸しの宿があり、豊かな自然に触れられ、宿の人との交流を楽しめると評判。

### Q. どんな宿泊施設がある?

#### A. おもにビジネスホテルや旅館、民宿

高級ホテルは少なく、シンプルなビジネスホテルや料理自慢の旅館、民宿が多い。繁華街から離れた場所では、釣りや農作物の収穫を体験できる民泊も人気を集めている。

島の暮らしを体験できる民泊は、お父さん、お母さんとの会話も楽しみ

イカを回して一夜干しの完成!

掛け干しでおいしい米に

# ネットワークのノウハウ

### Q. 携帯電話はどこでも使える?

#### A. 中心部を離れるとつながらないことも

町の中心部ではどのキャリアも使えるが、山地に入ると国道沿いであってもつながりにくいことがある。登山中もつながりにくいので、YAMAP などオフラインでも使える地図アプリを入れておくといい。

### Q. インターネット事情は

#### A. Wi-Fi が使える宿泊施設が多い

厳原中心部や比田勝、主要な観光地で、対馬市の Wi-Fi サービスを無料で利用できる。また、ほとんどの宿泊施設に Wi-Fi ルーターが用意され無料で使えるので便利。

5月上旬の森は新緑がまぶしい季節。濃緑の樹木の間にみずみずしい若葉が芽吹き、ふたつの緑が共存する。トレッキングやドライブでも、この時期だけの独特の景観を楽しめる。

## PART 3 気になる！　対馬の食の旬

対馬では、季節ごとに味わえる旬の魚介が楽しみ。おいしく食べられる時期はいつ？

### ◆ 海の恵み！ ◆ 対馬のブランド魚

人気の食事処、あなご亭の握り寿司定食。軟らかな煮あなごも絶品

　対馬の名産マアナゴは、島の西沖で捕れたものがおいしい。「黄金あなご」というブランドで島外でも人気だ。ほかにも高級魚のアマダイは「紅王」、アカムツ（ノドグロ）は「紅瞳」などの名称でブランド化されている。タチウオの「銀太」、一本釣りのマサバ「いなサバ」も対馬を代表するブランド魚だ。

### ◆ 森のアワビ、 ◆ シイタケを味わう

大ぶりの原木シイタケは、シンプルに炭火で焼くのがいちばん

　山がちな対馬には、アベマキやコナラなどシイタケ栽培に最適な原木が豊富。栄養をたっぷり蓄えた原木で育ったシイタケは、冷たい季節風が吹く冬を経てギュッと締まり、大ぶりで肉厚ながらコリコリとした食感が魅力。原木シイタケは10〜2月頃に収穫され、島内の飲食店でもこの時期だけ味わえる。

### ◆ 旬の食材カレンダー

▼ 最もおいしい旬　　◆ 漁獲のある月

| | 食材 | 1 | 2 | 3 | 4 | 5 | 6 | 7 | 8 | 9 | 10 | 11 | 12 |
|---|---|---|---|---|---|---|---|---|---|---|---|---|---|
| 海産物 | アオリイカ（ミズイカ） | | | ▼ | ▼ | ▼ | ◆ | ◆ | ◆ | ◆ | ◆ | ◆ | |
| | ノドグロ（アカムツ） | ▼ | ▼ | ◆ | ◆ | ◆ | ◆ | ◆ | ◆ | ◆ | ◆ | ◆ | ▼ |
| | アマダイ | ▼ | ▼ | ▼ | ◆ | ◆ | ◆ | ◆ | ◆ | ◆ | ◆ | ◆ | ▼ |
| | イサキ | | | | | | ▼ | ▼ | ▼ | ◆ | ◆ | | |
| | カサゴ（アラカブ） | ▼ | ▼ | ▼ | ▼ | ◆ | ◆ | ◆ | ◆ | ◆ | ◆ | ◆ | ◆ |
| | キダイ（レンコダイ） | ◆ | ◆ | ◆ | ◆ | ◆ | ◆ | ▼ | ▼ | ◆ | ◆ | ◆ | ◆ |
| | クロマグロ | ▼ | ▼ | ◆ | ◆ | ◆ | ◆ | ◆ | ◆ | ◆ | ◆ | ◆ | ▼ |
| | ケンサキイカ | | | | | | ◆ | ◆ | ◆ | ◆ | ▼ | ▼ | ◆ |
| | サワラ | ▼ | ◆ | ◆ | ◆ | ◆ | | | | ◆ | ◆ | ◆ | ▼ |
| | スズメダイ（カジキリ） | | | | ▼ | ▼ | ▼ | ◆ | ◆ | ◆ | | | |
| | タチウオ | ◆ | ◆ | ◆ | ◆ | ◆ | ◆ | ◆ | ◆ | ▼ | ▼ | ▼ | ◆ |
| | ヒラマサ（ヒラス） | ◆ | ◆ | ◆ | ◆ | ◆ | ▼ | ▼ | ▼ | ◆ | ◆ | ◆ | ◆ |
| | ブリ | ▼ | ▼ | ◆ | ◆ | ◆ | | | | | ◆ | ◆ | ▼ |
| | マアジ | ◆ | ◆ | ◆ | ◆ | ▼ | ▼ | ▼ | ◆ | ◆ | ◆ | ◆ | ◆ |
| | マアナゴ | | | | | ◆ | ◆ | ▼ | ▼ | ▼ | ◆ | ◆ | |
| | マサバ | ◆ | ◆ | ◆ | ◆ | ◆ | ◆ | ◆ | ◆ | ◆ | ▼ | ▼ | ▼ |
| | マダイ | ◆ | ◆ | ▼ | ▼ | ▼ | ◆ | ◆ | ◆ | ◆ | ◆ | ◆ | ◆ |
| | マハタ（タカバ） | ◆ | ◆ | ◆ | ◆ | ◆ | ▼ | ▼ | ▼ | ◆ | ◆ | ◆ | ◆ |
| | メジナ（クロ） | ▼ | ▼ | ◆ | ◆ | ◆ | | | | | ◆ | ◆ | ▼ |
| | クエ（アラ） | ◆ | ◆ | ◆ | ◆ | ◆ | ◆ | ▼ | ▼ | ▼ | ◆ | ◆ | ◆ |
| | アワビ | ◆ | ◆ | ◆ | ▼ | ▼ | ▼ | ◆ | ◆ | ◆ | ◆ | ◆ | ◆ |
| | ウニ | | | | | ▼ | ▼ | | | | | | |
| | サザエ | ◆ | ◆ | ◆ | ▼ | ▼ | ▼ | ◆ | ◆ | ◆ | ◆ | ◆ | ◆ |
| | シッタカ（ミナ） | | | | | ◆ | ◆ | ▼ | ▼ | ◆ | ◆ | | |
| その他 | アスパラガス | | | | ▼ | ▼ | ◆ | ◆ | ◆ | ◆ | ◆ | | |
| | 原木シイタケ | ▼ | ▼ | | | | | | | | ◆ | ◆ | ▼ |
| | 対州そば（新そば） | | | | | | | | | | ◆ | ▼ | ▼ |
| | ハチミツ | | | | | | | | | ▼ | ▼ | | |

※食材の旬は一般的な目安です

対馬へは
飛行機か船で

# 対馬へのアクセス

対馬へは空路と航路でアクセスできる。飛行機ならば福岡空港と長崎空港から。航路のジェット船は博多港と厳原港を結ぶ。

釜山へ
比田勝港

対馬

対馬空港

厳原港

飛行機
35分

フェリー
4時間55分

フェリー
4時間40分
～5時間
ジェットフォイル
2時間15分

壱岐

飛行機
35分

博多港　福岡空港

福岡県

五島列島

長崎県

長崎空港

## ✈ 飛行機

福岡空港、長崎空港ともに35分ほどで対馬空港に到着する。

| 福岡空港<br>ANA | 35～40分/1日5往復<br>1万5710円 | 対馬やまねこ空港 |
| --- | --- | --- |
| 長崎空港<br>オリエンタル<br>エアブリッジ | 35分/1日3～4往復<br>1万6950円 | |

問い合わせ
**ANA**
☎ 0570-029-222
URL www.ana.co.jp

**オリエンタルエアブリッジ**
☎ 0570-064-380
URL www.orc-air.co.jp

### 対馬空港から各地へ

対馬空港は対馬の南北の中心よりやや南寄りの美津島町にある。空港からは路線バスで厳原方面、比田勝方面に行けるが、バスは飛行機に接続しているわけではないので注意。タクシーなら厳原中心部まで約20分3500円。空港には売店と軽食スタンドがある。

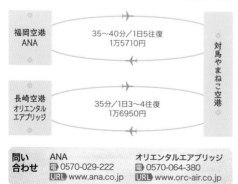

正面入口前にバスとタクシーの乗り場がある

**対馬空港(対馬やまねこ空港)**
☎ (0920)54-3396　URL tsushima-airport.co.jp

VOICE 比田勝港と釜山の間は70分という近さ。新型コロナウイルス流行前はJR九州高速船のほか韓国の船会社も運航していたが、すべて運休に。2023年2月25日から3年ぶりに再開した。1隻あたり100人までなど制限はあるものの、航路再開は喜ばしいニュースだ。

# 🚢 航 路

博多港からフェリー、ジェット船が対馬を結ぶ。博多と比田勝のジェット船は 2023 年 1 月現在、運休中。

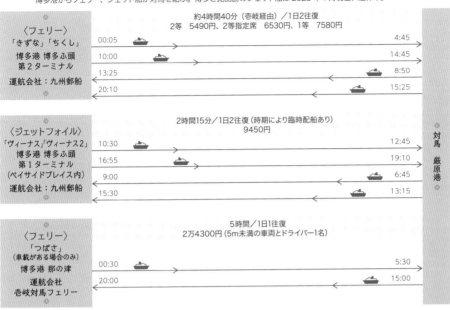

〈フェリー〉
「きずな」「ちくし」
博多港 博多ふ頭
第2ターミナル

運航会社：九州郵船

約4時間40分（壱岐経由）／1日2往復
2等　5490円、2等指定席　6530円、1等　7580円

| | | |
|---|---|---|
| 00:05 | | 4:45 |
| 10:00 | | 14:45 |
| 13:25 | | 8:50 |
| 20:10 | | 15:25 |

〈ジェットフォイル〉
「ヴィーナス」「ヴィーナス2」
博多港 博多ふ頭
第1ターミナル
（ベイサイドプレイス内）

運航会社：九州郵船

2時間15分／1日2往復（時期により臨時配船あり）
9450円

| | | |
|---|---|---|
| 10:30 | | 12:45 |
| 16:55 | | 19:10 |
| 9:00 | | 6:45 |
| 15:30 | | 13:15 |

対馬 厳原港

〈フェリー〉
「つばさ」
（車載がある場合のみ）
博多港 那の津

運航会社
壱岐対馬フェリー

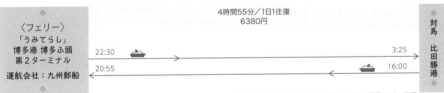

5時間／1日1往復
2万4300円（5m未満の車両とドライバー1名）

| | | |
|---|---|---|
| 00:30 | | 5:30 |
| 20:00 | | 15:00 |

〈フェリー〉
「うみてらし」
博多港 博多ふ頭
第2ターミナル

運航会社：九州郵船

4時間55分／1日1往復
6380円

| | | |
|---|---|---|
| 22:30 | | 3:25 |
| 20:55 | | 16:00 |

対馬 比田勝港

※船の時刻は大きく変わるので最新の時刻・運賃はHPで確認

## 航路問い合わせ

九州郵船
☎ (092)281-0831
URL www.kyu-you.co.jp

壱岐・対馬フェリー
☎ (092)725-1162
URL iki-tsushima.com

厳原港を行き来するフェリー

## 各乗り場へのアクセス

### ●博多港
九州郵船は博多ふ頭発着。ジェットフォイルとフェリーで乗り場が違うので注意して。壱岐・対馬フェリーは博多港の那の津から出航する。

### 博多ふ頭への行き方
● JR博多駅から
バスで約15分。博多ふ頭下車。
●西鉄福岡駅から
バスで12分。博多ふ頭下車。
●福岡空港から
地下鉄でJR博多駅まで約5分。バスに乗り換え、15分。
またはタクシーで約15分。

### ●厳原港
観光情報館 ふれあい処つしまから徒歩約10分。対馬空港からはバスで約30分。

バリアフリーにも対応した近代的なビル

### ●比田勝港
比田勝港周辺にホテルや飲食店がある。対馬空港からはバスで約2時間10分。

外国人入国者数日本一を誇ったこともある

車やバスで島を巡る

# 対馬島内の移動術

南北約82km、東西18kmと細長い対馬。島内移動はレンタカーがメインだが、時間に余裕があるならバスでのんびり移動というのもいい。

## ▶ レンタカー

自由自在に移動できて便利なレンタカー。レンタカー会社によっては空港で借りて港で返却ということでもできる。

対馬空港からの距離と所要時間

| | | | |
|---|---|---|---|
| ① | 韓国展望所 | 70km | 1時間30分 |
| ② | 対馬野生生物保護センター | 58km | 1時間15分 |
| ③ | 和多都美神社 | 27km | 35分 |
| ④ | 観光情報館 ふれあい処つしま | 10.5km | 15分 |
| ⑤ | 小茂田濱神社 | 19.4km | 26分 |
| ⑥ | 豆酘崎 | 33.km | 1時間 |

①韓国展望所
比田勝港
②対馬野生生物保護センター
③和多都美神社
烏帽子岳展望所
万関橋
対馬空港
⑤小茂田濱神社
④観光情報館 ふれあい処つしま
厳原港
⑥豆酘崎

### 対馬ドライブの注意事項

● **動物に注意して**
ツシマヤマネコだけでなく、シカやイノシシとの衝突事故も多い。特にイノシシとぶつかった場合、こちらにもかなりのダメージがある。スピードの出し過ぎには注意しよう。

● **道路幅を確かめて**
側溝が雑草に覆われていて道路だと思い込んで脱輪するという事故が多い。細い道は慎重に。

● **移動時間に注意**
とにかく大きな対馬。特に山道に入るとスピードが出せないため、移動に時間がかかる。スケジュールは余裕をもって立てよう。

### レンタカー info.

**＜対馬空港＞**
オリックスレンタカー
対馬空港ひとつばたご店
☎ (0920)54-3213
MAP 折り込み③ B1
オリックスレンタカー
対馬空港ツバキ店
☎ (0920)54-2220
MAP 折り込み③ B1
空港インレンタカー
☎ (0920)54-3329
MAP 折り込み③ A2
バジェット・レンタカー
対馬空港店
☎ (0920)54-6020
MAP 折り込み③ B1
トヨタレンタカー
対馬空港店
☎ (0920)54-5300
MAP 折り込み③ B1

**＜厳原＞**
トヨタレンタカー厳原店
☎ (0920)53-6300
MAP P.74C1
オリックスレンタカー対馬厳原ホテル
対馬カウンター
☎ (0920)54-2220
MAP 折り込み② C2
オリックスレンタカー
対馬厳原吉永自動車カウンター
☎ (0920)54-3213
MAP 折り込み② B3
バジェット・レンタカー
厳原港 SS 店
☎ (0920)52-1571
MAP 折り込み② 4D
ひとつばたごレンタカー
☎ (0920)52-2090
MAP P.74C1

**＜上対馬＞**
対馬レンタカー
☎ (0920)86-2221
MAP 折り込み④ B4
JIN レンタカー
☎ (0920)86-3409
MAP P.91B1
バジェット・レンタカー
比田勝港 SS 店
☎ (0920)86-2145
MAP 折り込み④ A4
ひとつばたごレンタカー
☎ (0920)86-6101
MAP 折り込み④ D3
イシマルオートレンタカー
☎ 090-7157-2020
MAP P.91B1
悠々レンタカー
☎ 080-1768-2119
MAP 折り込み④ D2

# 路線バス

対馬交通が路線バスを運行している。観光客がおもに利用するのは、厳原―対馬空港―比田勝を結ぶ「縦貫線」と厳原を循環する「厳原市内循環線」。時刻表や停車するバス停はホームページをチェックして。

## ◆ 縦貫線

| 厳原 | 約30分 | 対馬空港 710円 | 約40分 | 仁位 1690円 | 約1時間15分 | 比田勝 3400円 |
|---|---|---|---|---|---|---|

＊厳原～対馬空港線は1日14～18往復程度　＊対馬空港～比田勝港　1日5往復程度

**1日フリーパス券がとってもおトク！**
対馬市内のバスが1日乗り放題になるフリーパス券は1040円。空港から比田勝まで片道3090円なので、フリーパスを買えば2050円もおトクになる。バス車内で購入できる。

**路線バス info.**
対馬交通
☎ (0920)52-1810
URL tsushima-traffic.com

# レンタサイクル

厳原の町なか散策や、比田勝周辺の観光には自転車も便利。
2時間500円～、電動アシスト付き自転車3時間1000円～。

**レンタサイクル info.**
〈厳原〉
観光情報館 ふれあい処つしま
☎ (0920)52-1566　MAP 折り込み② C3
〈比田勝〉
MIDORI GUEST HOUSE
☎ 080-8579-6567　MAP 折り込み④ D1
レンタサイクル SA・GO
☎ 090-2491-1526　MAP P.91B2

# タクシー

対馬空港には飛行機に合わせてタクシーが待機している。
空港～厳原は所要20分3500円～。

**タクシー info.**

| 厳原タクシー ☎ (0920)52-0227 | 美津島タクシー ☎ (0920)54-4444 | 三根タクシー ☎ (0920)83-0140 |
|---|---|---|
| ホテル対馬タクシー ☎ (0920)52-0500 | 豊玉タクシー ☎ (0920)58-1251 | 佐賀タクシー ☎ (0920)82-0779 |
| 北厳原タクシー ☎ (0920)52-0940 | 中対馬タクシー ☎ (0920)58-0100 | ヒカリタクシー ☎ (0920)86-2110 |

## おもな宿泊リスト

**厳原町**

**丸屋ホテル** MAP 折り込み②B3
🏠 対馬市厳原町国分1409　☎ (0920)52-1970
料 素5500円～、朝食6600円～　客室数 23　📷 maruyahotel

**オレンジハウス** MAP 折り込み②C3
🏠 対馬市厳原町今屋敷707-1　☎ (0920)52-5003
料 素4500円～　客室数 13

**民宿 千両** MAP 折り込み②D3
🏠 対馬市厳原町大手橋1073　☎ (0920)52-4406
料 素2900円～、朝3800円～　客室数 5

**ホテル美津和館** MAP 折り込み②B3
🏠 対馬市厳原町国分1421　☎ (0920)52-0111
料 素5500円～、朝5900円～　客室数 10　URL mitsuwakan.jp

**民宿 梅乃家** MAP P.74B3
🏠 対馬市厳原町与良内院442-1　☎ (0920)57-0096
料 素4500円～、朝5000円～、朝夕8000円～　客室数 4
URL www.q.turi.ne.jp/umenoya

**共栄丸** MAP P.74B3
🏠 対馬市厳原町豆酘内院72-3　☎ (0920)57-0080
料 素4000円、朝夕8000円～　客室数 7　URL kyoueimaru.biz

**民宿こめだ** MAP P.74A3
🏠 対馬市厳原町豆酘3129-1　☎ (0920)57-0273
料 素3000円、朝夕6500円～　客室数 3

**美女塚山荘** MAP P.74A3　🏠 対馬市厳原町豆酘1506-7
☎ (0920)57-1740　料 素6000円～、朝6700円～、朝夕9000円～
客室数 9　URL bijozuka.com

**美津島町**

**クラブハウス** MAP P.85A4
🏠 対馬市美津島町箕形33　☎ 090-4981-5064
料 素2500円～　客室数 2　URL www.tsushima-kayaks.com

**ALOHA RESORT** MAP P.85B4
🏠 対馬市美津島町久須保550-62　☎ (0920)54-2344
料 素3500円、朝4000円～　客室数 13

**豊玉町**

**ビジネスホテル つたや** MAP P.85A2
🏠 対馬市豊玉町仁位1594　☎ (0920)58-0015
料 素5300円～

**峰町**

**民宿やまき** MAP P.85B1
🏠 対馬市峰町佐賀538　☎ (0920)82-0066
料 素4400円～　客室数 9　URL tcma42.wixsite.com/yamaki

**上対馬町**

**KOJIHOUSE** MAP P.91C3
🏠 対馬市上対馬町琴746　☎ 090-5979-9545
料 朝7000円～　客室数 3　📷 tsushima_kojihouse

**貸しハウス 離れ屋** MAP P.91C1　🏠 対馬市上対馬町西泊274
☎ (0920)86-2685　料 1部屋1万4000円～（5人まで）　客室数 2
URL www.nishidomari.com/hanareya/

voice レンタカーを借りない場合は、観光タクシーを利用するのが便利だ。ホテル対馬タクシー、厳原タクシー、豊玉タクシー、ヒカリタクシーなどは観光コースを用意しているので問い合わせてみて。地元の事情に精通したドライバーの話もおもしろい。

125

島の情報なら何でもおまかせ！

# 観光案内所活用術

対馬をどう楽しむか、悩んだときに足を運びたいのが観光案内所。
地図やパンフレットがもらえるほか、イベントなどの最新情報も！

## 活用術◇1
### 厳原の観光案内所で情報収集

対馬の観光案内所は2ヵ所。厳原の中心部と、上対馬の比田勝港国際ターミナル内にある。カウンターにスタッフが常駐しており、アクティビティや宿泊情報など、観光についてのアドバイスをくれる。旅行前にイベント情報などを問い合わせることもできる。

困ったら「観光情報館 ふれあい処つしま」の観光案内所へ

## 活用術◇2
### 地図やパンフレットがハイレベル

対馬に到着したら、まずは観光案内所でガイドマップをもらおう。島の全体像と主要な観光スポットがひと目でわかる。またトレッキングや神社、砲台など、対馬の魅力を多彩なテーマごとにまとめたパンフレットが充実しており、読み物としても楽しめる。

アクセスや見どころなどの情報を網羅したパンフレットが並ぶ

## 活用術◇3
### レンタサイクルで散策も楽々

広い対馬での移動はレンタカーが便利だが、厳原中心部ならレンタサイクルを利用してもいい。「観光情報館 ふれあい処つしま」でシティサイクルを借りて、周辺をサイクリングしてみては？

🕘 9:00〜17:00　🈑 なし
💰 シティサイクル2時間以内500円、4時間以内700円
※別途、保証料1000円

厳原は中心部以外にも見どころが多いので自転車はとても便利

## 活用術◇4
### ガイドさんと一緒に島巡り

「観光情報館 ふれあい処つしま」の観光案内所では、町歩きや島内観光、トレッキングなどのガイドを紹介してくれる。対馬の自然・歴史・文化に詳しいガイドと一緒だと、深い知識はもちろん、自分では気づかないような発見もある。ガイドは要予約。

ガイドさんの話を聞いて、対馬の新たな魅力に気づく！

---

## まずはここへ！ 対馬の観光案内所

### 観光情報館 ふれあい処つしま

厳原の中心部に立つ和風建築の建物が「観光情報館 ふれあい処つしま」。「対馬博物館」のはす向かいに立ち、町歩きの途中にも寄りやすい観光案内の複合施設だ。施設内には「観光案内所」のほか、島の歴史や自然、伝承などを紹介した「観光の間」やおみやげが並ぶ「特産品の間（→ P.82）」、島食材が食べられる「つしにゃんキッチン（→ P.80）」などが入っている。コインロッカーや24時間トイレ、レンタサイクルなどもあり、観光客が頼れる施設になっている。

日本瓦の落ち着きある建物は、対馬藩家老、古川家の「長屋門」を再現しており、対馬産木材で建てられている。

建物の前に路線バスの停留所があり、交通の起点でもある

左／食品から工芸品まで品揃えが豊富な「特産品の間」
右／「観光の間」で対馬の地理や歴史、自然などを予習！

対馬の食材をプレートランチで出してくれる「つしにゃんキッチン」

🅼🅰🅿 折り込み② C3　🏠 対馬市厳原町今屋敷 672-1
☎ (0920) 52-1566　🕘 観光案内所 8:45〜17:30、観光の間 9:00〜17:00、特産品の間 9:00〜18:00、つしにゃんキッチン 10:00〜16:30　🈑 なし　🅿 あり　URL www.tsushima-net.org/tourism-history/fureaidokoro-tsushima

### 上対馬観光案内所

比田勝港国際ターミナルの1階にある観光案内所。地図やパンフレットが置いてあり、自由に持っていって OK。スタッフが常駐しているので、上対馬の観光情報や食事、宿泊情報など何でも聞いてみよう。

上対馬の情報は少ないので、気になることは何でも聞いて！

🅼🅰🅿 折り込み④ D3　🏠 対馬市上対馬町比田勝 958-11 比田勝港国際ターミナルビル1階　☎ (0920) 86-4838　🕘 8:45〜17:30　🈑 なし　🅿 あり

---

voice　国防の最前線、国境の島という特殊な立場にいた対馬は、唯一無二の歴史をたどっており、町歩きや史跡巡りには観光ガイドの同行がおすすめ。誰もが知っている出来事の裏話など、歴史のなかで対馬が果たした役割を知ると、対馬が身近に感じられる。

観る・遊ぶ　　食べる・飲む　　買う　　泊まる

**Column 1**

赤米神田 ································· 76
赤島大橋 ························· 73、86
網代の漣痕と洗濯岩 ················ 93
あそベイパーク ····················· 86
あそベイパーク SUP ················ 56
ABYSS ······························ 56
鮎もどし自然公園 ··················· 56
井口浜海水浴場 ···················· 53
異国の見える丘展望所 ········· 72、92
漁火公園 ························· 73、75
イシマルオートレンタカー ··········· 124
今宮若宮神社 ······················ 77
内山峠展望台 ·················· 50、72
女連の立岩 ························· 92
烏帽子岳展望台 ··············· 73、86
尾浦海水浴場 ······················ 53
オメガ公園 ························· 93
オリックスレンタカー対馬厳原ホテル対馬カウンター ·· 124
オリックスレンタカー対馬厳原吉永自動車カウンター ·· 124
オリックスレンタカー対馬空港ツバキ店 ·· 124
オリックスレンタカー対馬空港ひとつばたご店 ·· 124
海神神社 ·························· 64
金石城跡 ·························· 63
金田城跡 ·························· 44
上見坂公園 ························ 75
上見坂堡塁跡 ······················ 61
上対馬観光案内所 ················· 126
上対馬町歴史民俗資料館 ············ 94
河内酒造 ·························· 60
観光情報館 ふれあい処つしま ··· 63、125、126
韓国展望所 ···················· 72、92
木坂の藻小屋 ······················
旧金石城庭園 ······················ 63
銀山上神社 ························ 76
銀山神社 ·························· 76
琴の大銀杏 ························ 94
空港インレンタカー ················· 124
国分寺山門 ························ 76
五根緒の石塔 ······················ 93
小茂田浜海水浴場 ·················· 53
小茂田濱神社 ······················ 76
胡禄神社 ·························· 65
権現山森林公園展望所 ·············· 93
棹崎公園 ·························· 93
棹崎砲台跡 ························ 61
椎根の石屋根倉庫群 ················· 76
清水山城跡 ························ 75
清水山城跡 三の丸跡 ··············· 63
舟志森林公園 ······················ 93
城山（金田城跡） ·············· 44、72
城山砲台跡 ························ 61
白嶽 ························· 42、72
白嶽神社 ·························· 65
JIN レンタカー ····················· 124
神話の里自然公園 ·················· 86
住吉神社（鴨居瀬） ················· 65
住吉神社（雞知） ··················· 87
千俵蒔山 ·························· 93
そば道場 美津島店 ················· 58
daidai ···························· 59
多久頭魂神社 ······················ 65
龍良山 ···························· 46
真珠の湯 ·························· 54
対馬エコツアー ····················· 54
対馬グリーン・ブルー・ツーリズム協会 ··· 68
対馬朝鮮通信使歴史館 ··············
対馬パール ························ 59
対馬博物館 ························ 76
対馬藩お船江跡 ···················· 76
対馬野生生物保護センター ··········· 94
対馬レンタカー ···················· 124
豆酘板形海水浴場 ·················· 53
豆酘崎 ························ 72、75
都々智神社 ························ 87
鰮島 ························· 73、86
天神多久頭魂神社 ·················· 94

**Column 2**

殿崎公園 ·························· 92
豊玉町郷土館 ······················ 87
トヨタレンタカー厳原店 ·············· 124
トヨタレンタカー対馬空港店 ·········· 124
豊砲台跡 ·························· 61
長板浦港 ·························· 57
半井桃水館 ···················· 63、77
鳴滝 ······························ 93
西泊海水浴場 ······················ 53
西連手 ···························· 87
バードウォッチング公園 ·············· 50
バジェット・レンタカー厳原港 SS 店 ··· 124
バジェット・レンタカー対馬空港店 ····· 124
バジェット・レンタカー比田勝港 SS 店 ·· 124
八幡宮神社 ··················· 63、65
万松院 ······················ 63、77
ひとつばたご展望台 ················· 124
姫神山砲台跡 ······················ 61
太祝詞神社 ························ 65
ふれあい牧場 ······················ 52
Bay Shore ························· 56
霹靂神社 ·························· 94
丸徳水産 ·························· 57
万関橋 ···························· 86
三宇田浜海水浴場 ·················· 53
美津島町海水浴場 ·················· 53
MIDORI GUEST HOUSE ··········· 125
湊浜海水浴場 ······················ 53
峰温泉ほたるの湯 ·················· 87
峰町歴史民俗資料館 ················ 87
目保呂ダム馬事公園 ················· 94
茂木浜海水浴場 ···················· 53
悠遊レンタカー ···················· 124
レンタサイクル SA・GO ·············· 125
和多都美神社 ······················ 64
味処 千尋 ························· 29
あなぐらぁ~ ························ 81
あなご亭 ·························· 28
YELLOW BASE COFFEE ············ 31
居酒屋かめちゃん ·················· 79
居酒屋かわせみ ···················· 79
居酒屋 対玄 ······················ 79
猪鹿鳥 ···························· 88
うどん茶屋 ························ 80
海山屋 吉栄 ······················ 88
おかべ食堂 ························ 95
お多幸 ···························· 81
風月家 ···························· 81
割烹八丁 ·························· 78
キッチンひらやま ··················· 88
京都 いっけい ······················ 81
肴や えん ·························· 28
さごんキッチン ····················· 96
三美寿し ·························· 95
G カフェ ··························· 31
島むし家 北斗 ······················ 95
旬彩 和らく ························ 78
すし処 慎一 ······················ 29
スナック城 ························ 97
そば道場 あがたの里 ···············
そば道場 美津島店 ·············· 58、88
体験であい塾 匠 ··················· 81
だいぜん ·························· 80
つにゃんキッチン ··················· 80
つしまランド 愛でたいカフェ ·········· 31
対馬バーガー kiyo ·················· 30
日本料理 志まもと ·················· 78
まかない家 ························ 80
MADO ····························· 96
みなと寿し ························ 95
MINATO DINING ·················· 97
めしや ···························· 79
やすらぎ ·························· 30
レストラン漁火 ····················· 96
和食 DINING 壱 ··················· 78

**Column 3**

石窯パン工房 大地のめぐみ ·········· 88
厳原港ターミナル売店 ··············· 81
江崎泰平堂 ························ 82
大西書店 ·························· 82
菓匠 百万屋 ······················ 89
Kiiro ····························· 108
サイキバリュー美津島店 ············· 89
サステナブルショップ・ミット ········· 97
JA 対馬 潮菜館みつしま店 ·········· 89
daidai ···························· 82
対馬空港売店 ······················ 89
対馬産直の駅豆酘 ·················· 81
対馬パール ························ 97
とよたま物産店 ···················· 89
日本観光物産館 ···················· 81
ふれあい処つしま 特産品の間 ········ 82
マックスバリュ対馬いづはら店 ········ 82
MOKULUA Island Grill ············ 97
山八製菓 ·························· 97
渡辺菓子舗 ························ 82
ALOHA RESORT ··················· 125
梅屋ホテル ························ 99
オレンジハウス ····················· 125
おろしかの宿 ······················ 90
貸しハウス 離れ屋 ················· 125
花海荘 ···························· 98
共栄丸 ···························· 125
銀香の宿 ·························· 68
クラブハウス ······················ 125
ゲストハウス島びより ··············· 84
KOJIHOUSE ······················ 125
さごんヴィレッジ ··················· 99
シーサイドホテル HAMAYU ·········· 84
宿坊 対馬 西山寺 ·················· 67
スローズグランピング ··············· 98
SOAR RESORT ···················· 90
たけだ家 ·························· 90
対馬グランドホテル ················· 90
対馬セントラルパクホテル ············ 84
つしまホテルプラザ ················· 99
つしまホワイトハウス ··············· 98
対馬みうらぺンション ··············· 99
ツタヤホテル ······················ 83
DAEMADO HOTEL 比田勝 ········· 98
東横 INN 対馬厳原 ················· 83
東横 INN 対馬比田勝 ··············· 98
殿崎バンガロー ···················· 99
万松館 ···························· 84
ビジネスホテル つたや ·············· 125
美女家ロ荘 ························ 125
Fisherman's House くろいわ ········ 89
ペンションひのきの森 ··············· 99
ホテル金石館 ······················ 83
ホテル空港 INN ···················· 90
ホテル対馬 ························ 84
ホテル ベルフォーレ ················ 83
ホテル美津和館 ···················· 125
丸屋ホテル ························ 125
MIDORI GUEST HOUSE ············ 98
みなと屋旅館 ······················ 99
民宿 梅乃家 ······················ 125
民宿 浦浜 ························ 90
民宿こめだ ························ 125
民宿 千両 ························ 125
民宿 つりの家 ······················ 89
民宿西泊 ·························· 99
民宿やまき ························ 125
ゆづり葉 ·························· 89
漁師民宿 吉栄 ···················· 90

**127**

地球の歩き方
# 島旅 21　対　馬

**STAFF**

| | |
|---|---|
| Producer | 上原康仁 |
| Editors & Writers | アトール（高井章太郎、澄田直子） |
| Photographers | 永島岳志 |
| Designer | 坂部陽子（エメ龍夢） |
| Maps | 千住大輔（アルト・ディークラフト） |
| Proofreading | ひらたちやこ |
| Printing Direction | 近藤利行 |

| | |
|---|---|
| Special Thanks | 取材協力・写真提供：対馬市役所、<br>一般社団法人対馬観光物産協会、長崎県 |

**地球の歩き方 島旅 21　対馬**

**2023 年 4 月 11 日　初版第 1 刷発行**

| | |
|---|---|
| 著 作 編 集 | 地球の歩き方編集室 |
| 発 行 人 | 新井邦弘 |
| 編 集 人 | 宮田崇 |
| 発 行 所 | 株式会社地球の歩き方<br>〒 141-8425　東京都品川区西五反田 2-11-8 |
| 発 売 元 | 株式会社Gakken<br>〒 141-8416　東京都品川区西五反田 2-11-8 |
| 印 刷 製 本 | 株式会社ダイヤモンド・グラフィック社 |

※本書は基本的に 2022 年 8 月の取材データに基づいて作られています。
　発行後に料金、営業時間、定休日などが変更になる場合がありますのでご了承ください。
　更新・訂正情報 ▶ https://book.arukikata.co.jp/support/

本書の内容について、ご意見・ご感想はこちらまで
〒 141-8425　東京都品川区西五反田 2-11-8
株式会社地球の歩き方
地球の歩き方サービスデスク「島旅　対馬編」投稿係
URL ▶ https://www.arukikata.co.jp/guidebook/toukou.html
地球の歩き方ホームページ（海外・国内旅行の総合情報）
URL ▶ https://www.arukikata.co.jp/
ガイドブック『地球の歩き方』公式サイト
URL ▶ https://www.arukikata.co.jp/guidebook/

●この本に関する各種お問い合わせ先
・本の内容については、下記サイトのお問い合わせフォームよりお願いします。
　URL ▶ https://www.arukikata.co.jp/guidebook/contact.html
・広告については、下記サイトのお問い合わせフォームよりお願いします。
　URL ▶ https://www.arukikata.co.jp/ad_contact/
・在庫については　Tel ▶ 03-6431-1250（販売部）
・不良品（乱丁、落丁）については　Tel ▶ 0570-000577
　学研業務センター　〒 354-0045　埼玉県入間郡三芳町上富 279-1
・上記以外のお問い合わせは　Tel ▶ 0570-056-710（学研グループ総合案内）

※学研グループの書籍・雑誌についての新刊情報・詳細情報は、下記をご覧ください。
　学研出版サイト ▶ https://hon.gakken.jp/
　地球の歩き方島旅公式サイト ▶ https://www.arukikata.co.jp/shimatabi/

島旅の思い出やおすすめを教えて！

## 読者 プレゼント

ウェブアンケートに
お答えいただいた方のなかから、
毎月1名様に地球の歩き方
オリジナルクオカード（500円分）
をプレゼントいたします。

詳しくは下記の
二次元コードまたは
ウェブサイトをチェック！

https://www.arukikata.co.jp/
guidebook/enq/shimatabi